外

外商投资道路运输业
管理工作手册

商

本书编写组　编

WAISHANG TOUZI DAOLU YUNSHUYE
GUANLI GONGZUO SHOUCE

投

资

内 容 提 要

本手册分为三部分：基础性文件、指导性文件、参考资料，主要内容包括交通运输部的公告以及与有关部委的联合发文、有关部门的相关通知和交通运输部对相关工作请示的复函等。

本手册可作为外商投资道路运输业的前置许可受理、许可单位的工具书，也可作为外商投资道路运输业申请单位的参考书。

图书在版编目(CIP)数据

外商投资道路运输业管理工作手册 /《外商投资道路运输业管理工作手册》编写组编. —北京 ：人民交通出版社，2014.3

ISBN 978-7-114-11259-1

Ⅰ.①外… Ⅱ.①外… Ⅲ.①道路运输－交通运输业－外商投资－中国－手册 Ⅳ.①F542-62

中国版本图书馆 CIP 数据核字(2014)第 045532 号

Waishang Touzi Daolu Yunshuye Guanli Gongzuo Shouce

书　　名：外商投资道路运输业管理工作手册
著 作 者：本书编写组
责任编辑：钟　伟　戴广超
出版发行：人民交通出版社
地　　址：(100011)北京市朝阳区安定门外外馆斜街 3 号
网　　址：http://www.ccpress.com.cn
销售电话：(010)59757973
总 经 销：人民交通出版社发行部
经　　销：各地新华书店
印　　刷：北京交通印务实业公司
开　　本：787×1092　1/32
印　　张：5.125
字　　数：78 千
版　　次：2014 年 3 月　第 1 版
印　　次：2014 年 3 月　第 1 次印刷
书　　号：ISBN 978-7-114-11259-1
定　　价：25.00 元

前言

根据《国务院关于取消和下放一批行政审批项目的决定》(国发〔2013〕44号)的要求,外商投资道路运输业立项审批已由交通运输部下放至省级人民政府交通运输行政主管部门。由于外商投资道路运输业的审批不仅是“外事”工作,同时也是地方人民政府交通运输行政主管部门代表国务院交通运输主管部门行使我国对外商投资道路运输业前置许可的主权。各省有关部门要严格执行国家相关规定,代表国家做好许可工作,确保各省在许可程序、许可文书等方面符合国家要求,并保持全国统一。

本手册的编写目的在于指导各省市做好外商投资道路运输业管理工作,其内容分为三部分:第一部分是涉及外商投资道路运输业管理工作的基础性(法律)文件,主要有交通运输部的公告以及与有关部委的联合发文等;第二部分是涉及外商投资道路运输业管理工作的指导性文件,主要是有关部门的相关通知和交通运输部对相关工作请示的复函;第三部分是外商投资道路运输业管理工作的参考资料,主要是本手册编写人员对此项工作的认识和对有关问题的说明，并附有“外商投资道路运输业批件样式”。在此需要说明的是，第三部分是学术探讨，仅供有关具体工作人员工作时参考。

本手册可作为外商投资道路运输业的前置许可受理、许可单位的工具书，也可作为外商投资道路运输业申请单位的参考书。

本书由严季担任主编，参加编写的还有曾嘉、张强、陈晖、董胜武、胡娟娟、常连玉、程国华、郭旻。

目录

第一部分　基础性文件

第二部分　指导性文件

第三部分 参考资料

第一部分

基础性文件

关于修改《外商投资道路运输业管理规定》的决定

（交通运输部、商务部令　2014 年第 4 号）

交通运输部、商务部决定对《外商投资道路运输业管理规定》（交通部、对外贸易经济合作部令 2001 年第 9 号）作如下修改：

一、将条文中所有“交通主管部门”统一修改为“交通运输主管部门”，所有“对外贸易经济主管部门”统一修改为“商务主管部门”，将第四条、第十四条、第十八条中“国务院交通主管部门”修改为“省级交通运输主管部门”，将第四条中“国务院对外贸易经济主管部门”修改为“省级商务主管部门”，将第十八条中“对外贸易经济部门或其授权部门”修改为“商务主管部门”。

二、删除第九条第（二）项，将第（三）项修改为第（二）项，将“国务院交通主管部门”修改为“省级交通运输主管部门”。

三、将第十一条修改为“省级商务主管部门收到申请材料后，在45日内作出是否批准的书面决定。符合规定的，颁发或者变更外商投资企业批准证书；不符合规定的，退回申请，书面通知申请人并说明理由。”

四、将第十七条修改为“申请延长经营期限的外商投资道路运输企业，应当在经营期满6个月前向企业所在地的省级交通运输主管部门提出申请，并上报企业经营资质（质量信誉）考核记录等有关材料，由省级交通运输主管部门商商务主管部门后批复。”

五、在第十九条后增加一条作为第二十条：“省级交通运输主管部门应当于每年3月31日前将本省上年度外商投资审批情况报交通运输部。”

此外，对条文的顺序作相应的调整和修改。

本决定自2014年1月11日起施行。

《外商投资道路运输业管理规定》根据本决定作相应的修改，重新发布。

外商投资道路运输业管理规定

第一条　为促进道路运输业的对外开放和健康发展，规范外商投资道路运输业的审批管理，根据《中华人民共和国中外合资经营企业法》、《中华人民共和国中外合作经营企业法》、《中华人民共和国外资企业法》以及有关法律、行政法规的规定，制定本规定。

第二条　外商在中华人民共和国境内投资道路运输业适用本规定。

本规定所称道路运输业包括道路旅客运输、道路货物运输、道路货物搬运装卸、道路货物仓储和其他与道路运输相关的辅助性服务及车辆维修。

第三条　允许外商采用以下形式投资经营道路运输业：

（一）采用中外合资形式投资经营道路旅客运输；

（二）采用中外合资、中外合作形式投资经营道路货物运输、道路货物搬运装卸、道路货物仓储和其他与道路运输相关的辅助性服务及车辆维修；

（三）采用独资形式投资经营道路货物运输、道路货物搬运装卸、道路货物仓储和其他与道路运输相关的辅助性服务及车辆维修。

本条第（三）项所列道路运输业务对外开放时间由国务院商务主管部门和交通运输主管部门另行公布。

第四条 外商投资道路运输业的立项及相关事项应当经省级交通运输主管部门批准。

外商投资设立道路运输企业的合同和章程应当经省级商务主管部门批准。

第五条 外商投资道路运输业应当符合国务院交通运输主管部门制定的道路运输发展政策和企业资质条件，并符合拟设立外商投资道路运输企业所在地的交通运输主管部门制定的道路运输业发展规划的要求。

投资各方应当以自有资产投资并具有良好的信誉。

第六条 外商投资从事道路旅客运输业务，还应当符合以下条件：

（一）主要投资者中至少一方必须是在中国境内从事5年以上道路旅客运输业务的企业；

（二）外资股份比例不得多于49%；

（三）企业注册资本的50%用于客运基础设施的建设与改造；

（四）投放的车辆应当是中级及以上的客车。

第七条　设立外商投资道路运输企业，应当向拟设企业所在地的市（设区的市，下同）级交通运输主管部门提出立项申请，并提交以下材料：

（一）申请书，内容包括投资总额、注册资本和经营范围、规模、期限等；

（二）项目建议书；

（三）投资者的法律证明文件；

（四）投资者资信证明；

（五）投资者以土地使用权、设施和设备等投资的，应提供有效的资产评估证明；

（六）审批机关要求的其他材料。

拟设立中外合资、中外合作企业，除应当提交上述材料以外，还应当提交合作意向书。

提交的外文资料须同时附中文翻译件。

第八条　外商投资企业扩大经营范围从事道路运输业，外商投资道路运输企业扩大经营范围或者扩大经营规模超出原核定标准的，外商投资道路运输企业拟合并、分立、迁移和变更投资主体、注册资本、投资股比，应由该企业向其所在地的市级交通运输主管部门提出变更申请并提交以下材料：

（一）申请书；

（二）企业法人营业执照复印件；

（三）外商投资企业批准证书复印件；

（四）外商投资企业立项批件复印件；

（五）资信证明。

第九条 交通运输主管部门按下列程序对外商投资道路运输业立项和变更申请进行审核和审批：

（一）市级交通运输主管部门自收到申请材料之日起15个工作日内，依据本规定提出初审意见，并将初审意见和申请材料报省级交通运输主管部门；

（二）省级交通运输主管部门自收到前项材料之日起30个工作日内，对申请材料进行审核。符合规定的，颁发立项批件或者变更批件；不符合规定的，退回申请，书面通知申请人并说明理由。

第十条 申请人收到批件后，应当在30日内持批件和以下材料向省级商务主管部门申请颁发或者变更外商投资企业批准证书：

（一）申请书；

（二）可行性研究报告；

（三）合同、章程（外商独资道路运输企业只需提供章程）；

（四）董事会成员及主要管理人员名单及简历；

（五）工商行政管理部门出具的企业名称预核准

通知书；

（六）投资者所在国或地区的法律证明文件及资信证明文件；

（七）审批机关要求的其他材料。

第十一条　省级商务主管部门收到申请材料后，在45日内作出是否批准的书面决定。符合规定的，颁发或者变更外商投资企业批准证书；不符合规定的，退回申请，书面通知申请人并说明理由。

第十二条　申请人在收到外商投资企业批准证书后，应当在30日内持立项批件和批准证书向拟设立企业所在地省级交通运输主管部门申请领取道路运输经营许可证，并依法办理工商登记后，方可按核定的经营范围从事道路运输经营活动。

第十三条　申请人收到变更的外商投资企业批准证书后，应当在30日内持变更批件、变更的外商投资企业批准证书和其他相关的申请材料向省级交通运输主管部门和工商行政管理部门办理相应的变更手续。

第十四条　申请人在办理完有关手续后，应将企业法人营业执照、外商投资企业批准证书以及道路运输经营许可证影印件报省级交通运输主管部门备案。

第十五条　取得外商投资道路运输业立项批件

后18个月内未完成工商注册登记手续的，立项批件自行失效。

第十六条 外商投资道路运输企业的经营期限一般不超过12年。但投资额中有50%以上的资金用于客货运输站场基础设施建设的，经营期限可为20年。

经营业务符合道路运输产业政策和发展规划，并且经营资质（质量信誉）考核合格的外商投资道路运输企业，经原审批机关批准，可以申请延长经营期限，每次延长的经营期限不超过20年。

第十七条 申请延长经营期限的外商投资道路运输企业，应当在经营期满6个月前向企业所在地的省级交通运输主管部门提出申请，并上报企业经营资质（质量信誉）考核记录等有关材料，由省级交通运输主管部门商商务主管部门后批复。

第十八条 外商投资道路运输企业停业、歇业或终止，应当及时到省级交通运输主管部门、商务主管部门和工商行政管理部门办理相关手续。

第十九条 香港特别行政区、澳门特别行政区和台湾省的投资者以及海外华侨在中国内地投资道路运输业参照适用本规定。

第二十条 省级交通运输主管部门应当于每年3月31日前将本省上年度外商投资审批情况报交通

运输部。

第二十一条　本规定自2001年11月20日起施行。交通部1993年颁布的《中华人民共和国交通部外商投资道路运输业立项审批暂行规定》(交运发〔1993〕1178号)同时废止。

外商投资道路运输业管理规定

（交通部、对外贸易经济合作部令
2001 年第 9 号）

第一条 为促进道路运输业的对外开放和健康发展，规范外商投资道路运输业的审批管理，根据《中华人民共和国中外合资经营企业法》、《中华人民共和国中外合作经营企业法》、《中华人民共和国外资企业法》以及有关法律、行政法规的规定，制定本规定。

第二条 外商在中华人民共和国境内投资道路运输业适用本规定。

本规定所称道路运输业包括道路旅客运输、道路货物运输、道路货物搬运装卸、道路货物仓储和其他与道路运输相关的辅助性服务及车辆维修。

第三条 允许外商采用以下形式投资经营道路运输业：

（一）采用中外合资形式投资经营道路旅客

运输；

（二）采用中外合资、中外合作形式投资经营道路货物运输、道路货物搬运装卸、道路货物仓储和其他与道路运输相关的辅助性服务及车辆维修；

（三）采用独资形式投资经营道路货物运输、道路货物搬运装卸、道路货物仓储和其他与道路运输相关的辅助性服务及车辆维修。

本条第（三）项所列道路运输业务对外开放时间由国务院对外贸易经济主管部门和交通主管部门另行公布。

第四条　外商投资道路运输业的立项及相关事项应当经国务院交通主管部门批准。

外商投资设立道路运输企业的合同和章程应当经国务院对外贸易经济主管部门批准。

第五条　外商投资道路运输业应当符合国务院交通主管部门制定的道路运输发展政策和企业资质条件，并符合拟设立外商投资道路运输企业所在地的交通主管部门制定的道路运输业发展规划的要求。

投资各方应当以自有资产投资并具有良好的信誉。

第六条　外商投资从事道路旅客运输业务，还应当符合以下条件：

（一）主要投资者中至少一方必须是在中国境内从事5年以上道路旅客运输业务的企业；

（二）外资股份比例不得多于49%；

（三）企业注册资本的50%用于客运基础设施的建设与改造；

（四）投放的车辆应当是中级及以上的客车。

第七条 设立外商投资道路运输企业，应当向拟设企业所在地的市（设区的市，下同）级交通主管部门提出立项申请，并提交以下材料：

（一）申请书，内容包括投资总额、注册资本和经营范围、规模、期限等；

（二）项目建议书；

（三）投资者的法律证明文件；

（四）投资者资信证明；

（五）投资者以土地使用权、设施和设备等投资的，应提供有效的资产评估证明；

（六）审批机关要求的其他材料。

拟设立中外合资、中外合作企业，除应当提交上述材料以外，还应当提交合作意向书。

提交的外文资料须同时附中文翻译件。

第八条 外商投资企业扩大经营范围从事道路运输业，外商投资道路运输企业扩大经营范围或者扩大经营规模超出原核定标准的，外商投资道路运

输企业拟合并、分立、迁移和变更投资主体、注册资本、投资股比，应由该企业向其所在地的市级交通主管部门提出变更申请并提交以下材料：

（一）申请书；

（二）企业法人营业执照复印件；

（三）外商投资企业批准证书复印件；

（四）外商投资企业立项批件复印件；

（五）资信证明。

第九条　交通主管部门按下列程序对外商投资道路运输业立项和变更申请进行审核和审批：

（一）市级交通主管部门自收到申请材料之日起15个工作日内，依据本规定提出初审意见，并将初审意见和申请材料报省级交通主管部门；

（二）省级交通主管部门自收到上报材料之日起15个工作日内，依据本规定提出审核意见，并将审核意见和申请材料报国务院交通主管部门审批；

（三）国务院交通主管部门自收到前项材料之日起30个工作日内，对申请材料进行审核。符合规定的，颁发立项批件或者变更批件；不符合规定的，退回申请，书面通知申请人并说明理由。

第十条　申请人收到批件后，应当在30日内持批件和以下材料向省级对外贸易经济主管部门申请颁发或者变更外商投资企业批准证书：

（一）申请书；

（二）可行性研究报告；

（三）合同、章程（外商独资道路运输企业只需提供章程）；

（四）董事会成员及主要管理人员名单及简历；

（五）工商行政管理部门出具的企业名称预核准通知书；

（六）投资者所在国或地区的法律证明文件及资信证明文件；

（七）审批机关要求的其他材料。

第十一条 省级对外贸易经济主管部门对上述材料初审后，将申请材料和初审意见报国务院对外贸易经济主管部门或者其授权部门。国务院对外贸易经济主管部门或者其授权部门收到申请材料后，在45日内作出是否批准的书面决定，符合规定的，颁发或者变更外商投资企业批准证书；不符合规定的，退回申请，书面通知申请人并说明理由。

第十二条 申请人在收到外商投资企业批准证书后，应当在30日内持立项批件和批准证书向拟设立企业所在地省级交通主管部门申请领取道路运输经营许可证，并依法办理工商登记后，方可按核定的经营范围从事道路运输经营活动。

第十三条 申请人收到变更的外商投资企业批

准证书后，应当在30日内持变更批件、变更的外商投资企业批准证书和其他相关的申请材料向省级交通主管部门和工商行政管理部门办理相应的变更手续。

第十四条　申请人在办理完有关手续后，应将企业法人营业执照、外商投资企业批准证书以及道路运输经营许可证影印件报国务院交通主管部门备案。

第十五条　取得外商投资道路运输业立项批件后18个月内未完成工商注册登记手续的，立项批件自行失效。

第十六条　外商投资道路运输企业的经营期限一般不超过12年。但投资额中有50%以上的资金用于客货运输站场基础设施建设的，经营期限可为20年。

经营业务符合道路运输产业政策和发展规划，并且经营资质（质量信誉）考核合格的外商投资道路运输企业，经原审批机关批准，可以申请延长经营期限，每次延长的经营期限不超过20年。

第十七条　申请延长经营期限的外商投资道路运输企业，应当在经营期满6个月前向企业所在地的省级交通主管部门提出申请，并上报企业经营资质（质量信誉）考核记录等有关材料，由省级交通主管部门审核后，报国务院交通主管部门，由国务院交通主管部门商对外贸易经济主管部门后批复。

第十八条 外商投资道路运输企业停业、歇业或终止，应当及时到国务院交通主管部门、对外贸易经济主管部门或其授权部门和工商行政管理部门办理相关手续。

第十九条 香港特别行政区、澳门特别行政区和台湾省的投资者以及海外华侨在中国内地投资道路运输业参照适用本规定。

第二十条 本规定自公布之日起施行。交通部1993年颁布的《中华人民共和国交通部外商投资道路运输业立项审批暂行规定》（交运发〔1993〕1178号）同时废止。

关于《外商投资道路运输业管理规定》的补充规定

（交通部、商务部令　2003年第12号）

为了促进香港、澳门与内地建立更紧密的经贸关系，鼓励香港服务提供者和澳门服务提供者在内地设立从事道路运输业务的企业，根据国务院批准的《内地与香港关于建立更紧密经贸关系的安排》和《内地与澳门关于建立更紧密经贸关系的安排》，现对《外商投资道路运输业管理规定》（交通部、对外贸易经济合作部令2001年第9号）作出如下补充规定：

一、自2004年1月1日起，允许香港服务提供者和澳门服务提供者在内地西部地区设立独资企业经营道路客运业务。

二、自2004年1月1日起，允许香港服务提供者和澳门服务提供者在内地设立独资企业经营道路货运业务。

三、自2004年1月1日起,允许香港服务提供者和澳门服务提供者经营香港、澳门至内地各省、市、自治区的货运“直通车”业务。

四、香港服务提供者和澳门服务提供者在内地从事货运“直通车”业务须在内地设立独资、合资或合作企业,并取得道路运输经营许可。

五、本规定中的香港服务提供者和澳门服务提供者应分别符合《内地与香港关于建立更紧密经贸关系的安排》和《内地与澳门关于建立更紧密经贸关系的安排》中关于“服务提供者”定义及相关规定要求。

六、除上述条款外,其他事项按照《外商投资道路运输业管理规定》执行。

七、本补充规定由交通部会同商务部负责解释。

八、本补充规定自2004年1月1日起施行。

《外商投资道路运输业管理规定》补充规定二

（交通部、商务部公告　2004 年第 35 号）

根据我国加入世界贸易组织的有关承诺、《内地与香港关于建立更紧密经贸关系的安排》补充协议和《内地与澳门关于建立更紧密经贸关系的安排》补充协议，现对《外商投资道路运输业管理规定》（交通部、对外贸易经济合作部令 2001 年第 9 号）作出如下补充规定：

一、允许世界贸易组织成员的企业、其他经济组织或个人采用独资形式（包括并购形式）在我国境内设立道路运输企业，从事道路货物运输经营、道路货物运输站（场）经营以及机动车维修经营。

在我国境内已经依法设立的其他外商独资企业、中外合资企业，注册资本已经全部缴齐满 1 年的，允许其申请从事上述道路运输经营活动。

二、自 2005 年 1 月 1 日起，允许香港、澳门地区经营专营公共汽车(巴士)的客运公司和经营粤港或粤港客运“直通车”业务的非专营公共汽车(巴士)公司,在广东、广西、湖南、海南、福建、江西、云南、贵州和四川省(自治区)设立合资企业,从事香港或澳门与九省之间的道路客运“直通车”业务;允许香港、澳门地区经营专营公共汽车(巴士)的客运公司在内地市级城市设立独资企业,从事城市公共汽车客运和出租车客运业务。

此项服务的提供应满足《内地与香港关于建立更紧密经贸关系的安排》及《内地与澳门关于建立更紧密经贸关系的安排》关于“服务提供者”的定义,取得《香港服务提供者证明书》或《澳门服务提供者证明书》。

三、上述外商独资企业和中外合资企业应符合我国相关法律、行政法规、行政规章的规定,申请程序按照《外商投资道路运输业管理规定》相关规定办理。

《外商投资道路运输业管理规定》补充规定三

（交通运输部公告　2009 年第 8 号）

根据国务院批准的《〈内地与香港关于建立更紧密贸易关系的安排〉补充协议五》及《〈内地与澳门关于建立更紧密贸易关系的安排〉补充协议五》，现对《外商投资道路运输业管理规定》（交通部、对外贸易经济合作部令 2001 年第 9 号）作出如下补充规定：

一、交通运输部委托广东省交通厅对香港、澳门在广东投资的生产型企业从事货运方面的道路运输业务立项和变更申请进行审核和审批。

二、交通运输部委托广东省交通厅对香港、澳门服务提供者在广东设立维修、驾培企业和客货运站场项目和变更申请进行审核和审批。

三、申请人获得广东省交通厅批准后，应当在 30 日内持广东省交通厅批件和《外商投资道路运输业管理规定》第十条规定的材料向广东省外经贸厅申请颁发或者变更批准证书。上述外商投资企业设立在或将设立在广东省内的国家级经济技术开发区，向所在地国家级经济技术开发区管委会申请。广东省外经贸厅和国家级经济技术开发区管委会作出是否批准的书面决定。

四、广东省交通厅、广东省外经贸厅及国家级经济技术开发区管委会要于每年12月31日前，将所审批企业的情况汇总，分别报交通运输部、商务部备案。

五、本规定自发布之日起实施。

交通运输部关于做好外商投资道路运输业立项审批权限下放后有关工作的通知

（交运发〔2014〕70 号）

各省、自治区、直辖市、新疆生产建设兵团交通运输厅（局、委），天津市、上海市交通运输和港口管理局：

根据《国务院关于取消和下放一批行政审批项目的决定》（国发〔2013〕44 号）有关要求，部会同商务部于 2014 年 1 月 11 日修订并发布了《关于修改〈外商投资道路运输业管理规定〉的决定》（交通运输部、商务部令 2014 年第 4 号，以下简称《规定》），明确由省级交通运输主管部门实施外商投资道路运输业立项审批工作。为贯彻落实《规定》，切实做好立项审批权限下放后的有关工作，现就相关事项通知如下：

一、切实做好《规定》的宣贯和实施工作

道路运输是我国实行对外开放政策的一个重要

领域。多年来,各级交通运输主管部门履行我国加入世界贸易组织(WTO)有关开放运输市场的承诺,积极做好外商投资道路运输业立项审批工作,为我国道路运输行业有序利用国外资金,吸收借鉴先进技术和管理经验,提升行业经营管理水平,推动产业转型升级,加快实现道路运输现代化发挥了重要作用。根据国务院的统一部署,将外商投资道路运输业立项审批权限下放至省级交通运输主管部门,有利于转变政府职能,简化外商投资审批手续,提高利用外资水平,改进道路运输服务质量。

交通运输主管部门要高度重视外商投资道路运输业审批工作,认真开展《规定》宣贯培训,积极为企业提供咨询指导,便利外商投资道路运输业立项申请,提高外商投资道路运输业审批效率。中西部地区应加大市场开放力度,吸引优秀的外资企业投资道路运输行业。

二、规范申请材料审核工作

省级及市(设区的市,下同)级交通运输主管部门要严格按照《规定》审核外商投资道路运输业申请材料。

(一)设立外商投资道路运输企业的,申请书内容应当包括企业类型、投资总额、注册资本、投资主体、投资股比、经营范围、经营规模(车辆类型及车辆

数量）、经营期限；投资者法律证明文件应当包括投资者的工商登记证明及法人、自然人的合法身份证明；审批机关要求的其他材料是指拟设立企业名称预先核准通知书及其复印件。

香港服务提供者和澳门服务提供者拟在内地西部地区设立独资道路旅客运输企业、道路客运站的，应当提供《香港服务提供者证明书》或《澳门服务提供者证明书》。

（二）外商投资企业扩大经营范围从事道路运输业的，外商投资道路运输企业扩大经营范围或者扩大经营规模的，申请书内容应当包括经营范围、经营规模（车辆类型及车辆数量）、经营期限等情况。

外商投资企业在中国境内再投资客运经营的，应当符合《规定》第六条的相关条件。

（三）外商投资道路运输企业设立分公司从事道路运输业的，申请书内容应当包括经营范围、经营规模（车辆类型及车辆数量）等情况，并且分公司的经营范围、经营期限不得超出总公司《道路运输经营许可证》上核定的经营范围、经营期限。

（四）已经取得外商投资道路运输业批件的企业在提出变更申请时，还应当提交已有的所有外商投资道路运输业批件复印件。

企业提交的所有外文材料须同时附中文翻译

件,所有复印件须加盖投资企业公章或法人签字。

（五）根据《国务院关于印发注册资本登记制度改革方案的通知》（国发〔2014〕7 号）要求,在我国境内已经依法设立的外商独资企业、中外合资企业,申请从事道路运输业的,不再要求其提供注册资本已经全部缴齐满 1 年的证明文件。

三、规范审批工作

（一）外商投资道路运输业审批工作要严格按照《规定》办理,同时还要符合《关于〈外商投资道路运输业管理规定〉的补充规定》（交通部、商务部令 2003 年第 12 号）、《关于公布〈《外商投资道路运输业管理规定》补充规定二〉的公告》（交通部、商务部公告 2004 年第 35 号）、《关于公布〈《外商投资道路运输业管理规定》补充规定三〉的公告》（交通运输部公告 2009 年第 8 号）等规定要求。

（二）外商投资道路运输企业拟在企业所在地省级交通运输主管部门辖区以外设立分公司从事道路运输业的,企业所在地省级交通运输主管部门应当书面征得分公司所在地省级交通运输主管部门同意后,按照《规定》第八条外商投资道路运输企业扩大经营规模的有关规定进行审批。分公司所在地省级交通运输主管部门收到征求意见函之日起 20 个工作日无复函的,视为同意。

（三）县级以上道路运输管理机构应当根据许可权限及外商投资道路运输业批件核定的经营范围，为企业颁发《道路运输经营许可证》，并配发营运车辆《道路运输证》。

县级以上道路运输管理机构应当根据许可权限及外商投资道路运输业批件核定的变更事项，为企业办理相应的变更手续。

（四）省级交通运输主管部门在对外商投资道路运输业立项和变更申请进行批复时，经营范围应当按照《关于启用新版道路运输证件的通知》（交公路发〔2005〕524 号）要求填写。外商投资道路运输业立项批件有效期一般为 18 个月，其他批件有效期一般为 6 个月。

（五）省级交通运输主管部门应当于每年 3 月底前将本省上年度《外商投资道路运输业审批明细表》（见附件）报交通运输部（运输司）。

交通运输部

2014 年 3 月 10 日

附件

外商投资道路运输业审批明细表

填报单位：　　　　　　　　　　　　　　　　　　年度：

经营范围	批件数量					运力规模（辆）		
		立项批件数量	变更批件数量	港澳投资批件数量	台湾投资批件数量		港澳投资企业运力规模（辆）	台湾投资企业运力规模（辆）
客运经营								
货运经营								
运输站（场）						—		
机动车维修经营						—		

填表人：　　　　　　　　　　　　　　　　　　填报日期：

关于启用新版道路运输证件的通知

（交公路发〔2005〕524 号）

各省、自治区、直辖市交通厅（局、委）

现颁布新版《道路运输经营许可证》、《道路运输证》，自 2005 年 12 月 1 日起核发并开始使用，至 2006 年 11 月 30 日核发结束。在核发期间，新证、旧证同时有效，各地不得对未核发地区持旧证的车辆实施行政处罚。2006 年 12 月 1 日起，旧证废止。

为加快道路运输信息化步伐，各地应积极推广电子证件，有条件的地方，可按第二代身份证式样制作《道路运输证》IC 卡，便于实现道路运输管理机构计算机联网和信息共享。如推广使用 IC 卡尚不具备条件，目前也可暂用电子标签技术作为过渡。电子证件与纸质《道路运输证》同等有效。

附件：1.《道路运输经营许可证》修改说明及管

理使用规定

2.《道路运输证》修改说明及管理使用规定

中华人民共和国交通部

二〇〇五年十一月十一日

附件1：

《道路运输经营许可证》修改说明及管理使用规定

一、《道路运输经营许可证》式样及内容

依据《道路运输条例》的规定，《道路运输经营许可证》是交通部统一制定的经营道路运输的合法凭证。凡在我国境内经营道路旅客运输、道路货物运输、道路危险货物运输、国际道路运输、机动车维修、机动车驾驶员培训、客货运站、场的单位和个人，均须持有《道路运输经营许可证》。

1.《道路运输经营许可证》(见式样1)分正本、副本，均采用防伪标志。《道路运输经营许可证》正本外廓尺寸为40×28cm，材质为157克铜版纸，国徽与带DL的边框，“道路运输经营许可证”字型采用烫金，右下角印有“中华人民共和国交通部监制”字样。副本外廓尺寸为18×13cm，封面墨绿色带国徽。

2.《道路运输经营许可证》正本悬挂在经营场所，副本用于记录经营者的基本情况、检查(考核)结果、变更结果等情况。对经许可具有道路运输经营资格的法人单位、个体经营者或大中型企业内部独立核算的单位,道路运输管理机构向其发放道路运输经营许可证正本和副本。

3.《道路运输经营许可证》正本、副本包含“X交运管许可X字号、业户名称、地址、经济类型、经营范围、证件有效期、核发机关、核发日期”等内容。X交运政许可X字000000000001号,其中第一个“X”为省、自治区、直辖市的简称,第二个“X”为地市的简称,000000000001前六位为行政区划代码,后六位为自然数编号。副本除有与正本相同的内容外,还有分支机构及地址、变更记录、检查(考核)记录。“证件有效期”是指《道路运输经营许可证》的有效期限,一般为四年,经营者应当在到期前十日内到原发证的道路运输管理机构换发。分支机构及地址填写分支机构名称、地址。核发机关盖省级或地市级、县级道路运输管理机构许可专用章。变更记录是记载经营者变更的情况。检查(考核)记录是记载经营者违章处理及道路运输管理机构检查、考核的情况。

4.《道路运输经营许可证》本着一家一证的原则,按照谁许可谁核发道路运输相关许可决定书,集中一起到最高一级的道路运输管理机构换发《道路运输经营许可证》。上级道路运输管理机构核发或

者换发《道路运输经营许可证》前，应当收回下级道路运输管理机构核发的《道路运输经营许可证》，并留存备查。

5.《道路危险货物运输许可证》正本和副本的样式、尺寸、图案、格式、文字、制作要求与《道路运输经营许可证》正本和副本相同，其中将“道路运输经营许可证”改为“道路危险货物运输许可证”，并适当调整字号和间距：“业户名称”改为“单位名称”；“经营范围”改为“运输范围”。

6.《道路运输经营许可证》正本、副本丢失、损坏、污损或者需要变更经营内容的，到原发证的道路运输管理机构办理变更和申请补办手续。

7. 在民族自治地区，《道路运输经营许可证》正、副本可以采用汉文和民族文字两种文字印制。

二、《道路运输经营许可证》“经营范围”的填写内容

1. 客运：县内班车客运、县际班车客运、市际班车客运、省际班车客运，县内包车客运、县际包车客运、市际包车客运、省际包车客运。

2. 货运：普通货运、货物专用运输（项目）、大型物件运输（类别）、危险货物运输（类别、项别）、非经营性危险货物运输（类别、项别）。

3. 国际运输：国际定期班车客运、国际不定期班

车客运、国际货物运输、国际危险货物运输。

4. 站场:客运站经营、货运站(场)经营。

5. 机动车维修:一类机动车维修(项目种类)、二类机动车维修(项目种类)、三类机动车维修(项目种类)、其他机动车维修、一类摩托车维修和二类摩托车维修。

6. 机动车驾驶员培训:普通机动车驾驶员培训综合类(车型种类)、普通机动车驾驶员培训专项类(车型种类)、道路运输从业资格培训(培训项目)和机动车驾驶员培训教练场经营。

三、"经营范围"填写说明

1. 货物专用运输是指使用集装箱、冷藏保鲜设备、罐式容器等专用车辆进行的货物运输,在括号内标注(集装箱、冷藏保鲜、罐式)。

2. 大型物件运输按《道路大型物件运输管理办法》分为一、二、三、四类,在括号内标注类别(只标注一个数)。

3. 危险货物运输按《危险货物分类和品名编号》(GB 6944—2005)的规定的类别和项别标注。第1类为爆炸品,分别为:1类1项、1类2项、1类3项、1类4项、1类5项、1类6项;第2类为气体,分别为:2类1项、2类2项、2类3项;第3类为易燃液体;第4类为易燃固体、易于自燃的物质、遇水放出易燃气体

的物质，分别为：4类1项、4类2项、4类3项；第5类为氧化性物质和有机过氧化物，分别为：5类1项、5类2项；第6类为毒性物质和感染性物质，分别为：6类1项、6类2项；第7类为放射性物质；第8类为腐蚀性物质；第9类为杂项危险物质和物品。若许可被许可人运输某一类别的全部项别或者该类别不分项别的，直接填写类别。若只允许被许可人运输特定危险货物的，可按《危险货物品名表》(GB 12268—2005)直接标注危险货物的品名。

4. 一、二类机动车维修在括号内标注(大中型客车维修、大中型货车维修、小型车辆维修)，一类机动车维修可标注危险货物运输车辆维修。三类机动车维修在括号内标注[发动机修理、车身维修、电气系统维修、自动变速器维修、车身清洁维护、涂漆、轮胎动平衡及修补、四轮定位检测调整、供油系统维护及油品更换、喷油泵和喷油嘴维修、曲轴修磨、汽缸镗磨、散热器(水箱)维修、空调维修、车辆装潢(篷布、坐垫及内装饰)、车辆玻璃安装]。其他机动车维修按上述要求在括号内标注。

5. 驾驶员培训综合类是指具有两种及以上车型培训能力的机动车驾驶员培训机构，填写C1、C2、C3、C4、B1、B2、A1、A2、A3、D、E、F、M、N、P中的两项；驾驶员培训专项类是指只有一种车型培训能力的机动车驾驶员培训机构，填写C1、C2、C3、C4、B1、B2、A1、A2、A3、D、E、F、M、N、P中的一项。

6. 道路运输从业资格培训的培训项目分为客货物运输驾驶员、危险货物运输驾驶员和其他从业人员，填写一项或者多项。

附件2：

《道路运输证》修改说明及管理使用规定

一、《道路运输证》式样及内容

1.《道路运输证》是交通部统一制定的经营道路运输的合法凭证。凡在我国境内从事道路运输经营活动和非经营性道路危险货物运输的机动车辆，均须持有《道路运输证》，并随车携带，以备查验。

2.《道路运输证》（见式样2）由主证和副证两部分组成，采用防伪标志，封面墨绿色，外廓尺寸为10.5×7.5cm，证件尺寸主证为9.0×6.2cm，副证尺寸为9.5×6.8cm，材质为205克铜版纸。

3.《道路运输证》主证正面是车辆有关内容，背面是车辆45度角彩色照片，然后塑封。为推动《道路运输证》电子证件工作，《道路运输证》IC卡和在纸质《道路运输证》主证中间夹着电子标签与纸质《道路运输证》同样有效。

4.《道路运输证》主证的内容为业户名称、地址、经营许可证号、车辆号牌、车辆类型、吨（座）位、车辆尺寸、经营范围、核发机关等。“经营许可证号”填写经营许可证上后12位阿拉伯数字,“车辆号牌”填写车辆号牌号码加上号牌颜色,“车辆类型”填写车辆厂牌型号,“吨(座)位”填写行驶证上核定的载质量或者载客数,“车辆尺寸”填写车辆外廓长宽高尺寸,以车辆出厂合格证书数据为准。副证除了与主证同样内容外,还有经济类型、备注、车辆审验及技术等级记录、违章记录等内容。“经济类型”按国有,集体,私营,个体,联营,股份制,外商投资,港、澳、台以及其他经济分类,“备注”填写危险货物和其他需要填写的内容,“车辆审验及技术等级记录”填写车辆技术等级和审验结果,“违章记录”填写车辆违章的情况。

5. 车辆审验及技术等级记录是将车辆技术等级评定与车辆审验记录合并,在审验专用章中间镶入车辆技术等级数(见式样3)。车辆技术等级评定与审验一年一次,审验合格的,道路运输管理机构在车辆审验记录栏中盖审验专用章,并填写审验有效期至×年×月×日,有效期为审验合格日推算至一周年的前一日。

审验有效期内,《道路运输证》上年度审验章有效。车辆审验的内容应包括技术档案(含车辆技术等级评定、二级维护等)、经营行为、承运人责任险、

缴纳规费等方面情况。在审验中发现的违章行为，道路运输管理机构要按照有关规定实施行政处罚。

车辆未经审验，道路运输管理机构按有关规定实施行政处罚，车辆二年以上未经审验，道路运输管理机构除按上述规定实施行政处罚外，还应当向社会通报。

6. 县级以上道路运输管理机构是《道路运输证》的主管机关，并发放《道路运输证》。

经营者取得《道路运输经营许可证》的前提下，向车籍地的道路运输管理机构申领《道路运输证》。道路运输管理机构受理后，审核合格的，在《道路运输证》上加盖道路运输管理机构证件专用章，并配发给经营者。

货车挂车单独办理《道路运输证》，但货车主车（牵引车）与货车挂车号牌一致时，可在主车的《道路运输证》的备注栏中注明，挂车不另发证。

7. 经营者设立分公司，应当向经营地的道路运输管理机构备案，道路运输管理机构给予开具备案证明。经营者凭备案证明申请配发《道路运输证》。

8. 车辆转籍、过户，原经营者应当到原发证道路运输管理机构办理异动手续，交回《道路运输证》及其他有关营运票据、标志。新车辆经营者到转入地道路运输管理机构按发证程序，重新办理《道路运输证》。

9. 车辆报停，经营者须持《道路运输证》到车籍地道路运输管理机构办理报停手续，暂交回《道路运输证》；恢复运输时，按规定到道路运输管理机构办理有关手续并领回《道路运输证》。

车辆报废，经营者应将《道路运输证》交回原发证机关。

车辆终止经营，经营者应按规定向当地道路运输管理机构提出申请，经审查批准后，交回《道路运输证》，并由道路运输管理机构注销。

10.《道路运输证》灭失、污损后，经营者应及时向原发证的道路运输管理机构提出补证申请，道路运输管理机构按照有关规定和发证程序，予以补证。

11. 车辆因违规行为被处以停业整顿的，停业期间，道路运输管理机构应收缴其《道路运输证》；被取消经营资格的，道路运输管理机构应收回其《道路运输证》。

12. 道路运输管理机构在对违章行为实施行政处罚时，对拒不接受处罚的，可暂扣《道路运输证》，道路运输管理机构暂扣《道路运输证》主证后，签发《道路运输证件暂扣凭证》（见式样4），经营者应当在规定的时间内接受处罚。

道路运输经营者在接受处理后，道路运输管理

机构应当在《道路运输证》副证“违章记录”上记录违法行为，发还《道路运输证》主证，并收回《道路运输证件暂扣凭证》。道路运输管理机构要妥善保管暂扣的《道路运输证》，不得丢失。

13. 从事非经营性道路危险货物运输的，应当在其《道路运输证》备注栏加盖“非经营性危险货物运输专用章”（见式样5）。

14. 在民族自治地区，《道路运输证》可以采用汉文和民族文字两种文字印制。

二、《道路运输证》经营范围

1. 客运车辆的经营范围为“县内班车客运、县际班车客运、市际班车客运、省际班车客运，县内包车客运、县际包车客运、市际包车客运、省际包车客运、国际定期班车客运、国际不定期班车客运”。

2. 客运车辆的《道路运输证》上填写客运车辆经营范围中的一项或者多项。

3. 货运车辆及危险货物运输车辆的经营范围（运输范围）与道路运输经营许可证的经营范围（运输范围）一致，货运车辆及危险货物运输车辆允许承运的范围，在《道路运输证》上应当将所有允许承运的项目都填写上。没有填写经营范围（运输范围）的，不得承运。

式样1、2见样本。

式样 3

式样 4

道路运输证件暂扣凭证

编号：　　　　　　字第　　　号

第　　　联

当事人姓名：________________

业 户 名 称：________________

证 件 类 别：________________证件号码____________

车 辆 号 牌：________________

我单位在依法实施道路运输检查时，发现你有道路运输违法经营活动，依据《中华人民共和国道路运输条例》以及交通部有关道路运输管理的规定，决定暂扣__________。证件有效期至____年____月____日。请在规定的期限内到__________接受处理。

执法人员（签名）________________

当事人（签名）________________

执法机关（印章）

年　　月　　日

式样 5

“非经营性危险货物运输专用章”样式：

X—XX 非经营性道路危险货物 运输专用车

1. 此章尺寸为 20mm×40mm；

2. 此章由各省、自治区、直辖市道路运输管理局统一制作、编号、发放和管理；

3. 第一行“X—XX”分别为省、自治区、直辖市简称和“设区的市”的代码；

4. 字体为宋体、小 4 号。

机动车类型　术语和定义

（GA 802—2008）

1　范　　围

本标准规定了机动车类型分类的规格术语、结构术语及机动车使用性质术语。

本标准适用于道路交通管理。

2　术语和定义

下列术语和定义适用于本标准。

2.1

机动车　power - driven vehicle

以动力装置驱动或者牵引，上道路行驶的供人员乘用或者用于运送物品以及进行工程专项作业的轮式车辆，包括汽车、有轨电车、摩托车、挂车、轮式专用机械车、上道路行驶的拖拉机和特型机动车。

2.2

汽车 motor vehicle

由动力驱动，具有四个或四个以上车轮的非轨道承载的车辆，主要用于：

——载动人员和/或货物；

——牵引载运货物的车辆或特殊用途的车辆；

——特殊用途。

本术语还包括：

a） 与电力线相联的车辆，如无轨电车；

b） 整车整备质量超过400kg的三轮车辆。

[GB 7258—2004 的 3.2]

2.2.1

载客汽车 passenger vehicle

设计和技术特性上主要用于载运人员的汽车，包括以载运人员为主要目的的专用汽车。

注：改写自 GB 7258—2004 的 3.2.1 和 3.2.2。

2.2.2

载货汽车 goods vehicle

设计和技术特性上主要用于载运货物或牵引挂车的汽车，包括以载运货物为主要目的的专用汽车。

2.2.3

专项作业车 special motor vehicle

设计和技术特性上用于特殊工作的汽车，不包括以载运人员或货物为主要目的的专用汽车。

注：改写自 GB 7258—2004 的 3.2.5。

2.3

有轨电车 tram

以电动机驱动，设有集电杆，架线供电，有轨道承载的道路车辆。

2.4

摩托车 motorcycle

由动力驱动的，具有两个或三个车轮的道路车辆，但不包括：

a) 整车整备质量超过 400kg 的三轮车辆；

b) 最大设计车速、整车整备质量、外廓尺寸等指标符合有关国家标准的残疾人机动轮椅车；

c) 电驱动的，最大设计车速不大于 20km/h 且整车整备质量符合相关国家标准的两轮车辆。

注：改写自 GB 7258—2004 的 3.5 和 3.6。

2.5

挂车 trailer

就其设计和技术特性需由汽车或拖拉机牵引，

才能正常使用的一种无动力的道路车辆，用于：

——载运货物；

——特殊用途。

注：改写自 GB 7258—2004 的3.3。

2.5.1

全挂车　draw - bar - trailer

牵引杆挂车

至少有两根轴的挂车，具有：

——一轴可转向；

——通过角向移动的牵引杆与牵引车联结；

——牵引杆可垂直移动，联结到底盘上，因此不能承受任何垂直力。

注：改写自 GB 7258—2004 的3.3.2。

2.5.2

半挂车　semi - trailer

除全挂车以外的其他挂车。

2.6

轮式专用机械车　roller mobile machinery shop for special purpose

轮式自行机械车

有特殊结构和专门功能，装有橡胶车轮可以自行行驶，最大设计车速大于 20km/h 的轮式工程机

械，如装载机、平地机、挖掘机、铲车、推土机等，但不包括叉车。

[GB 7258—2004 的 3.8]

2.7

上道路行驶的拖拉机　tractor running on the roads

手扶拖拉机等最大设计车速小于等于 20km/h 的轮式拖拉机和最大设计车速小于等于 40km/h、牵引挂车方可从事道路运输的轮式拖拉机。

2.8

特型机动车　special size vehicle

轴荷及总质量超限的工程用专项作业车和超长、超宽、超高的运输大型不可解体物品的机动车。

2.9

车辆类型　vehicle type

根据机动车规格术语和机动车结构术语确定的机动车分类。

3　机动车规格术语

机动车规格术语分类见表 1。

表1 机动车规格术语分类表

分类			说明
汽车	载客汽车[a]	大型	车长大于等于6000mm或者乘坐人数大于等于20人的载客汽车
		中型	车长小于6000mm且乘坐人数为(10~19)人的载客汽车
		小型	车长小于6000mm且乘坐人数小于等于9人的载客汽车,但不包括微型载客汽车
		微型	车长小于等于3500mm且发动机汽缸总排量小于等于1000mL的载客汽车
	载货汽车	重型	总质量大于等于12000kg的载货汽车
		中型	车长大于等于6000mm或者总质量大于等于4500kg且小于12000kg的载货汽车,但不包括低速货车
		轻型	车长小于6000mm且总质量小于4500kg的载货汽车,但不包括微型载货汽车、三轮汽车和低速货车
		微型	车长小于等于3500mm且总质量小于等于1800kg的载货汽车,但不包括三轮汽车和低速货车
		三轮(三轮汽车)	以柴油机为动力,最大设计车速小于等于50km/h,总质量小于等于2000kg,长小于等于4600mm,宽小于等于1600mm,高小于等于2000mm,具有三个车轮的货车。其中,采用方向盘转向、由传递轴传递动力、有驾驶室且驾驶人座椅后有物品放置空间的,总质量小于等于3000kg,车长小于等于5200mm,宽小于等于1800mm,高小于等于2200mm
		低速(低速货车)	以柴油机为动力,最大设计车速小于70km/h,总质量小于等于4500kg,长小于等于6000mm,宽小于等于2000mm,高小于等于2500mm,具有四个车轮的货车

续上表

汽车	专项作业车	专项作业车的规格术语分为重型、中型、轻型、微型，具体参照载货汽车的相关规定确定
有轨电车		有轨电车的规格术语参照载客汽车的相关规定确定
摩托车	普通	最大设计车速大于 50km/h 或者发动机汽缸总排量大于 50mL 的摩托车
	轻便	最大设计车速小于等于 50km/h，且若使用发动机驱动，发动机汽缸总排量小于等于 50mL 的摩托车
挂车[b]	重型	总质量大于等于 12000kg 的挂车
	中型	总质量大于等于 4500kg 且小于 12000kg 的挂车
	轻型	总质量小于 4500kg 的挂车
[a] 对《公告》记载的乘坐人数为区间的载客汽车（包括以载运人员为主要目的的专用汽车），以上限确定其规格术语。乘坐人数包括驾驶人。 [b] 不适用于设计和技术特性上需由拖拉机牵引的挂车。		

4　机动车结构术语

机动车结构术语分类见表 2。

表2　机动车结构术语分类表

分类			说明
汽车	载客汽车	普通客车	车身为长方体或近似长方体,单层地板,一厢或两厢式结构,安装座椅的载客汽车
		双层客车	车身为长方体或近似长方体,双层地板,一厢或两厢式结构,安装座椅的载客汽车
		卧铺客车	车身为长方体或近似长方体,单层地板,一厢或两厢式结构,安装卧铺的载客汽车
		铰接客车	车身为长方体或近似长方体,单层地板,由铰接装置连接两个车厢且连通,安装座椅的载客汽车
		轿车	车身结构为两厢式且乘坐人数不超过5人,或者车身结构为三厢式且乘坐人数小于等于9人的载客汽车
		专用客车	需经特殊布置安排后才能载运人员(通常为特定人员)的载客汽车,如囚车、殡仪车、运钞车、救护车、专用校车等,包括旅居车和乘坐人数大于9人的专用汽车(如电力工程车)
		无轨电车[a]	以电动机驱动,与电力线相连,具有四个或四个以上车轮的非轨道承载道路车辆
		越野客车[a]	车身结构为一厢式或者两厢式,所有车轮能够同时驱动,接近角、离去角、纵向通过角、最小离地间隙等技术参数按照高通过性设计的载客汽车
	载货汽车[b]	普通货车	载货部位的结构为栏板的载货汽车,但不包括具有自动倾卸装置的载货汽车
		厢式货车	载货部位的结构为封闭厢体且与驾驶室各自独立的载货汽车

续上表

分类			说明
汽车	载货汽车[b]	仓栅式货车	载货部位的结构为仓笼式或栅栏式且与驾驶室各自独立的载货汽车
		封闭货车	载货部位的结构为封闭厢体且与驾驶室联成一体,车身结构为一厢式的载货汽车
		罐式货车	载货部位的结构为封闭罐体的载货汽车
		平板货车	载货部位的地板为平板结构且无栏板的载货汽车
		集装箱车	载货部位为框架结构或者地板,专门运输集装箱的载货汽车
		自卸货车	载货部位具有自动倾卸装置的载货汽车
		特殊结构货车	载货部位为特殊结构,专门运输特定物品的载货汽车。如:运输小轿车的双层结构载货汽车、运输活禽畜的多层结构载货汽车、混凝土搅拌运输车等
		半挂牵引车	不具有载货结构,专门用于牵引半挂车的载货汽车
		全挂牵引车	不具有载货结构,专门用于牵引全挂车的载货汽车
	专项作业车		装置有专用设备或器具,用于专项作业的汽车,如汽车起重机、消防车、混凝土泵车、清障车、高空作业车、洒水车、扫路车、吸污车、钻机车、仪器车、检测车、监测车、电源车、通信车、电视车、采血车等。但不包括以载运人员或货物为主要目的的专用汽车

续上表

分类		说明
摩托车	二轮摩托车	装有两个车轮的摩托车
	正三轮载客摩托车	装有与前轮对称分布的两个后轮，具有载客装置的摩托车
	正三轮载货摩托车	装有与前轮对称分布的两个后轮，具有载货装置的摩托车
	侧三轮摩托车	在二轮摩托车的右侧装有边车的摩托车
全挂车	普通全挂车	载货部位为栏板结构的全挂车
	厢式全挂车	载货部位为封闭厢体结构的全挂车
	仓栅式全挂车	载货部位的结构为仓笼式或栅栏式的全挂车
	罐式全挂车	载货部位为封闭罐体结构的全挂车
	平板全挂车	载货部位的地板为平板结构且无栏板的全挂车
	集装箱全挂车	载货部位为框架结构且无地板，专门运输集装厢的全挂车
	自卸全挂车	载货部位具有自动倾卸装置的全挂车
	专项作业全挂车	装置有专用设备或器具，用于专项作业的全挂车
	旅居全挂车	装备有必要的生活设施，用于旅游和野外工作人员宿营的全挂车

续上表

分　类		说　明
半挂车	普通半挂车	载货部位为栏板结构的半挂车
	厢式半挂车	载货部位为封闭厢体结构的半挂车
	仓栅式半挂车	载货部位的结构为仓笼式或栅栏式的半挂车
	罐式半挂车	载货部位为封闭罐体结构的半挂车
	平板半挂车	载货部位的地板为平板结构且无栏板的半挂车
	集装箱半挂车	载货部位为框架结构且无地板，专门运输集装箱的半挂车
	自卸半挂车	载货部位具有自动倾卸装置的半挂车
	低平板半挂车	采用低货台（货台承载面离地高度不大于1150mm）、轮胎规格最大为8.25－20（8.25R20）、与牵引车的连接为鹅颈式的半挂车，车轴主要为轴线结构（一线二轴或二线四轴）
	特殊结构半挂车	载货部位为特殊结构，专门运输特定物品的半挂车
	专项作业半挂车	装置有专用设备或器具，用于专项作业的半挂车
	旅居半挂车	装备有必要的生活设施，用于旅游和野外工作人员宿营的半挂车
轮式专用机械车	轮式装载机械	具有装卸设备的轮胎式自行机械
	轮式挖掘机械	具有挖掘设备的轮胎式自行机械
	轮式平地机械	具有平地设备的轮胎式自行机械
[a] 符合无轨电车或越野客车结构术语定义的汽车，即使同时符合其他客车结构术语的定义，也应确定为无轨电车或越野客车；同时符合两者结构术语定义的汽车，应确定为无轨电车。 [b] 邮政车、冷藏车、保温车等以载运货物为主要目的的专用汽车，根据其载货部位的结构特征确定为相对应的载货汽车。		

5 机动车使用性质术语

机动车按使用性质分为营运和非营运两大类。营运机动车是指个人或者单位以获取利润为目的而使用的机动车,非营运机动车是指个人或者单位不以获取利润为目的而使用的机动车。

机动车使用性质细类见表3。

表3 机动车使用性质细类表

分类		说明
营运	公路客运	专门从事公路旅客运输的机动车
	公交客运	城市内专门从事公共交通客运的机动车
	出租客运	以行驶里程和时间计费,将乘客运载至其指定地点的机动车
	旅游客运	专门运载游客的机动车
	租赁	专门租赁给其他单位或者个人使用,以租用时间或者租用里程计费的机动车
	教练	专门从事驾驶技能培训的机动车
	货运	专门从事货物运输的机动车
	危化品运输	专门用于运输剧毒化学品、爆炸品、放射性物品、腐蚀性物品等危险化学品的机动车

续上表

分　类		说　明
非营运[a]	警用	公安机关、国家安全机关、监狱、劳动教养管理机关和人民法院、人民检察院用于执行紧急职务的机动车
	消防	公安消防部队和其他消防部门用于灭火的专用机动车和现场指挥机动车
	救护	急救、医疗机构和卫生防疫部门用于抢救危重病人或处理紧急疫情的专用机动车
	工程救险	防汛、水利、电力、矿山、城建、交通、铁道等部门用于抢修公用设施、抢救人民生命财产的专用机动车和现场指挥机动车
	幼儿校车	专门从事运载3岁以上学龄前幼儿上下学的校车
	小学生校车	专门从事运载小学生上下学的校车
	其他校车	除了幼儿校车和小学生校车以外的其他专用校车
	营转非	原为营运机动车，现改为非营运机动车
	出租转非	原为出租客运机动车，现改为非营运机动车
[a] 非营运机动车没有对应细类的，使用性质确定为非营运。		

6 车辆类型

6.1 车辆类型根据机动车规格术语和机动车结构术语相加确定，规格术语在前，结构术语在后，如“大型普通客车”、“中型罐式货车”、“重型专项作业车”、“重型集装箱半挂车”、“普通二轮摩托车”等。但低速货车的结构术语在前，规格术语在后，如“普通低速货车”、“厢式低速货车”、“罐式低速货车”等。轿车按照其规格术语确定为“大型轿车”、“小型轿车”和“微型轿车”。

6.2 无对应的规格术语时，车辆类型按照结构术语确定，如“轮式装载机械”。

6.3 三轮汽车无对应的结构术语，其车辆类型统一为“三轮汽车”。除三轮汽车外的其他汽车，其结构特征无对应的结构术语时，车辆类型按照机动车规格术语及最相近的结构术语相加确定。

6.4 有轨电车无对应的结构术语，其车辆类型根据规格术语确定，如“大型有轨电车”。

GA 802—2008《机动车类型术语和定义》

公共安全行业标准第1号修改单

本修改单经中华人民共和国公安部于2012年7月31日批准，自发布之日起实施。

一、第4章“表2 机动车结构术语分类表”中，在“轿车”和“专用客车”之间增加一行：“专用校车”，其说明为：“设计和制造上专门用于运送3周岁以上学龄前幼儿或义务教育阶段学生的客车。”

二、第4章“表2 机动车结构术语分类表”中，将“专用客车”的说明修改为：“需经特殊布置安排后才能载运人员（通常为特定人员）的载客汽车，如囚车、殡仪车、救护车、客车整车改装的运钞车等，包括旅居车和乘坐人数大于6人的专用汽车（如电力工程车）。”

三、第4章“表2 机动车结构术语分类表”中，将脚注“b”修改为：“邮政车、冷藏车、保温车等以载运货物为主要目的的专用汽车，以及非客车整车改装的运钞车，根据其载货部位的结构特征确定为相对应的载货汽车。”

四、第5章修改为：

“机动车按使用性质分为营运、非营运和运送学生。营运机动车是指个人或者单位以获取利润为目的而使用的机动车；非营运机动车是指个人或者单位不以获取利润为目的而使用的机动车；运送学生机动车是指用于有组织地接送3周岁以上学龄前幼儿或义务教育阶段学生上下学的7座以上的载客汽车，即校车。

机动车使用性质细类见表3。”

五、第5章“表3 机动车使用性质细类表”中，在“非营运”对应的“分类”和“说明”中，删除“幼儿校车”、“小学生校车”、“其他校车”三行。

六、第5章中在“表3 机动车使用性质细类表”的脚注“a”注文前增加以下内容：

分类		说明
运送学生	运送幼儿（幼儿校车）	用于有组织地接送3周岁以上学龄前幼儿上下学的7座以上载客汽车
	运送小学生（小学生校车）	用于有组织地接送小学生上下学的7座以上载客汽车
	运送中小学生（中小学生校车）	用于有组织地接送义务教育阶段学生（小学生和初中生）上下学的7座以上载客汽车
	运送初中生（初中生校车）	用于有组织地接送初中生上下学的7座以上载客汽车

第二部分

指导性文件

关于外商投资企业境内投资的暂行规定

（对外贸易经济合作部、国家工商行政管理局令2000年第6号）

第一条　为规范外商投资企业的投资行为，根据《中华人民共和国公司法》（以下简称《公司法》）以及有关外商投资的法律、法规的有关规定，制定本规定。

第二条　本规定所称外商投资企业境内投资，是指在中国境内依法设立，采取有限责任公司形式的中外合资经营企业、中外合作经营企业和外资企业以及外商投资股份有限公司，以本企业的名义，在中国境内投资设立企业或购买其他企业（以下简称被投资公司）投资者股权的行为。

外商投资举办的投资性公司境内投资，依照国家有关外商投资的法律、法规以及《关于外商投资举办投资性公司的暂行规定》办理。

外国投资者与外商投资企业共同在中国境内投资,按照国家有关外商投资的法律、法规办理,其中外国投资者的出资比例一般不得低于被投资企业注册资本的百分之二十五。

第三条 外商投资企业境内投资,应遵守国家法律、法规。

外商投资企业境内投资比照执行《指导外商投资方向暂行规定》和《外商投资产业指导目录》的规定。外商投资企业不得在禁止外商投资的领域投资。

第四条 被投资公司应为有限责任公司或股份有限公司。

第五条 外商投资企业应符合下列条件,方可投资:

1. 注册资本已缴清;

2. 开始盈利;

3. 依法经营,无违法经营记录。

第六条 外商投资企业境内投资,其所累计投资额不得超过自身净资产的百分之五十;投资后,接受被投资公司以利润转增的资本,其增加额不包括在内。

第七条 外商投资企业在鼓励类或允许类领域投资设立公司,应向被投资公司所在地公司登记机

关提出申请,并应提供下列材料:

1. 外商投资企业关于投资的一致通过的董事会决议;

2. 外商投资企业的批准证书和营业执照(复印件);

3. 法定验资机构出具的注册资本已经缴足的验资报告;

4. 外商投资企业经审计的资产负债表;

5. 外商投资企业缴纳所得税或减免所得税的证明材料;

6. 法律、法规及规章规定的其他材料。

第八条　公司登记机关依《公司法》、《中华人民共和国公司登记管理条例》(以下简称《公司登记管理条例》)的有关规定,决定准予登记或不予登记。准予登记的,发给《企业法人营业执照》,并在企业类别栏目加注"外商投资企业投资"字样(以下简称《(加注)营业执照》)。

第九条　外商投资企业在限制类领域投资设立公司的,应向被投资公司所在地省级外经贸主管部门(以下简称省级审批机关)提出申请,并应提供下列材料:

1. 依照第七条规定提供的材料;

2. 被投资公司的章程。

被投资公司的章程应当载明下列事项：

(1)公司名称和住所；

(2)公司经营范围及产品国内外销售比例；

(3)公司注册资本；

(4)投资者的名称或姓名；

(5)投资者的权利和义务；

(6)投资者的出资方式和出资额；

(7)投资者转让出资的条件；

(8)公司的机构及其产生办法、职权、议事规则；

(9)公司的法定代表人；

(10)公司的解散事由与清算办法；

(11)投资者认为需要规定的其他事项。

投资者应当在公司章程上签名、盖章。

第十条 省级审批机关接到上述申请后，按照被投资公司的经营范围，征求同级或国家行业管理部门的意见。

省级审批机关应自收到同级或国家行业管理部门同意或不同意的意见起十日之内，作出书面批复。

第十一条 省级审批机关对外商投资企业作出同意批复的，外商投资企业凭该批复文件向被投资公司所在地公司登记机关申请设立登记。

公司登记机关依《公司登记管理条例》的有关规定，决定准予登记或不予登记。准予登记的，发给

《(加注)营业执照》。

第十二条　自被投资公司设立之日起三十日内,外商投资企业应向原审批机关备案。备案材料包括:

1. 外商投资企业投资备案表;

2. 被投资公司的营业执照(复印件);

3. 被投资公司经营范围涉及限制类领域的,还应提交省级审批机关作出的同意设立被投资公司的批复。

第十三条　外商投资企业以其固定资产投资而改变原经营规模或内容的,投资前应向原审批机关申请并征得原审批机关的同意。

原审批机关应自接到申请之日起十五日之内予以答复;逾期不答复的,视作同意。

原审批机关不同意的,外商投资企业可向其上级审批机关或对外贸易经济合作部(以下简称外经贸部)提出申诉。该上级审批机关或外经贸部应自收到申诉之日起三十日内,对外商投资企业作出书面答复。

第十四条　按照本规定第七条、第八条设立的公司变更经营范围,涉及限制类领域的,应按照本规定第九条、第十条规定的程序办理,并向其原公司登记机关申请变更登记。

第十五条 外商投资企业购买被投资公司投资者的股权,被投资公司经营范围属于鼓励类或允许类领域的,被投资公司应向原公司登记机关报送本规定第七条所列的材料,并按照《公司登记管理条例》等有关规定,申请变更登记。

被投资公司经营范围涉及限制类领域的,外商投资企业应按照本规定第九条、第十条规定的程序办理后,被投资公司凭省级审批机关的同意批复,按照《公司登记管理条例》等有关规定,向原公司登记机关申请变更登记。

公司登记机关依《公司登记管理条例》的有关规定,决定予以登记或不予登记。准予登记的,发给《(加注)营业执照》。

被投资公司属于外商投资企业的,按照《外商投资企业投资者股权变更的规定》办理。

第十六条 外商投资企业向中西部地区投资,被投资公司注册资本中外资比例不低于百分之二十五的,可享受外商投资企业待遇。

第十七条 被投资公司享受外商投资企业待遇,应按有关外商投资企业设立程序的规定,向被投资公司所在地的省级审批机关提出申请。申请人应提供下列材料:

1. 依照第七条规定应提供的材料;

2. 被投资公司的名称、住所；

3. 被投资公司的投资合同及章程；

4. 被投资公司经营范围涉及限制类领域的，还应提交设立被投资公司的项目建议书和可行性研究报告。

其投资者出让股权的被投资公司享受外商投资企业待遇的，申请人除向被投资公司所在地的省级审批机关提供上款所列材料之外，还应提交相应的投资者股权转让协议。

第十八条　省级审批机关确认外商投资企业的投资符合国家有关法律、法规且被投资公司注册资本中外资比例不低于百分之二十五的，向申请人下发批准文件，颁发《外商投资企业批准证书》，并加注“外商投资企业投资”字样。

被投资公司经营范围涉及限制类领域的，省级审批机关批准之前，应依照本规定第十条的规定，征求有关行业管理部门的意见。

第十九条　申请人凭《外商投资企业批准证书》向被投资公司所在地公司登记机关申请登记注册。

公司登记机关依《公司登记管理条例》的有关规定，决定准予登记或不予登记。准予登记的，发给《(加注)营业执照》。

被投资公司经营范围未涉及限制类领域的，按本规定第七条办理。

第二十条 中西部地区的被投资公司凭《外商投资企业批准证书》和《(加注)营业执照》享受国家法律、法规规定的外商投资企业待遇。

第二十一条 在中西部地区设立的被投资公司投资总额超过其所在省、自治区、直辖市审批机关审批权限的,应报外经贸部审批。

第二十二条 被投资公司属于法律、法规和部门规章明确规定的应由外经贸部审批的特定类型或行业的外商投资企业的,省级审批机关应将有关申请材料转报外经贸部审批。外经贸部根据有关法律、法规和部门规章的规定决定批准或不批准。

第二十三条 本规定颁布前,根据有关规定已设立的外商投资企业参股企业,符合本规定要求的,可参照本规定补办有关手续,享受外商投资企业待遇。

第二十四条 本规定由外经贸部和国家工商行政管理局负责解释。

第二十五条 本规定自 2000 年 9 月 1 日起施行。

关于外国投资者并购境内企业的规定

（商务部等六部委令　2006 年第 10 号）

第一章　总　　则

第一条　为了促进和规范外国投资者来华投资，引进国外的先进技术和管理经验，提高利用外资的水平，实现资源的合理配置，保证就业、维护公平竞争和国家经济安全，依据外商投资企业的法律、行政法规及《公司法》和其他相关法律、行政法规，制定本规定。

第二条　本规定所称外国投资者并购境内企业，系指外国投资者购买境内非外商投资企业（以下称“境内公司”）股东的股权或认购境内公司增资，使该境内公司变更设立为外商投资企业（以下称“股权并购”）；或者，外国投资者设立外商投资企业，并通过该企业协议购买境内企业资产且运营该资产,或外国投资者协议购买境内企业资产,并以该资产投资设立外商投资企业运营该资产(以下称“资产并购”)。

第三条 外国投资者并购境内企业应遵守中国的法律、行政法规和规章,遵循公平合理、等价有偿、诚实信用的原则,不得造成过度集中、排除或限制竞争,不得扰乱社会经济秩序和损害社会公共利益,不得导致国有资产流失。

第四条 外国投资者并购境内企业,应符合中国法律、行政法规和规章对投资者资格的要求及产业、土地、环保等政策。

依照《外商投资产业指导目录》不允许外国投资者独资经营的产业,并购不得导致外国投资者持有企业的全部股权;需由中方控股或相对控股的产业,该产业的企业被并购后,仍应由中方在企业中占控股或相对控股地位;禁止外国投资者经营的产业,外国投资者不得并购从事该产业的企业。

被并购境内企业原有所投资企业的经营范围应符合有关外商投资产业政策的要求;不符合要求的,应进行调整。

第五条 外国投资者并购境内企业涉及企业国有产权转让和上市公司国有股权管理事宜的,应当

遵守国有资产管理的相关规定。

第六条　外国投资者并购境内企业设立外商投资企业,应依照本规定经审批机关批准,向登记管理机关办理变更登记或设立登记。

如果被并购企业为境内上市公司,还应根据《外国投资者对上市公司战略投资管理办法》,向国务院证券监督管理机构办理相关手续。

第七条　外国投资者并购境内企业所涉及的各方当事人应当按照中国税法规定纳税,接受税务机关的监督。

第八条　外国投资者并购境内企业所涉及的各方当事人应遵守中国有关外汇管理的法律和行政法规,及时向外汇管理机关办理各项外汇核准、登记、备案及变更手续。

第二章　基本制度

第九条　外国投资者在并购后所设外商投资企业注册资本中的出资比例高于25%的,该企业享受外商投资企业待遇。

外国投资者在并购后所设外商投资企业注册资本中的出资比例低于25%的,除法律和行政法规另有规定外,该企业不享受外商投资企业待遇,其举借外债按照境内非外商投资企业举借外债的有关规定办理。审批机关向其颁发加注“外资比例低于25%”字样的外商投资企业批准证书(以下称“批准证书”)。登记管理机关、外汇管理机关分别向其颁发加注“外资比例低于25%”字样的外商投资企业营业执照和外汇登记证。

境内公司、企业或自然人以其在境外合法设立或控制的公司名义并购与其有关联关系的境内公司,所设立的外商投资企业不享受外商投资企业待遇,但该境外公司认购境内公司增资,或者该境外公司向并购后所设企业增资,增资额占所设企业注册资本比例达到25%以上的除外。根据该款所述方式设立的外商投资企业,其实际控制人以外的外国投资者在企业注册资本中的出资比例高于25%的,享受外商投资企业待遇。

外国投资者并购境内上市公司后所设外商投资企业的待遇,按照国家有关规定办理。

第十条 本规定所称的审批机关为中华人民共和国商务部或省级商务主管部门(以下称“省级审批机关”),登记管理机关为中华人民共和国国家工商行政管理总局或其授权的地方工商行政管理局,外汇管理机关为中华人民共和国国家外汇管理局或其分支机构。

并购后所设外商投资企业，根据法律、行政法规和规章的规定，属于应由商务部审批的特定类型或行业的外商投资企业的，省级审批机关应将申请文件转报商务部审批，商务部依法决定批准或不批准。

第十一条　境内公司、企业或自然人以其在境外合法设立或控制的公司名义并购与其有关联关系的境内的公司，应报商务部审批。

当事人不得以外商投资企业境内投资或其他方式规避前述要求。

第十二条　外国投资者并购境内企业并取得实际控制权，涉及重点行业、存在影响或可能影响国家经济安全因素或者导致拥有驰名商标或中华老字号的境内企业实际控制权转移的，当事人应就此向商务部进行申报。

当事人未予申报，但其并购行为对国家经济安全造成或可能造成重大影响的，商务部可以会同相关部门要求当事人终止交易或采取转让相关股权、资产或其他有效措施，以消除并购行为对国家经济安全的影响。

第十三条　外国投资者股权并购的，并购后所设外商投资企业承继被并购境内公司的债权和债务。

外国投资者资产并购的，出售资产的境内企业承担其原有的债权和债务。

外国投资者、被并购境内企业、债权人及其他当事人可以对被并购境内企业的债权债务的处置另行达成协议,但是该协议不得损害第三人利益和社会公共利益。债权债务的处置协议应报送审批机关。

出售资产的境内企业应当在投资者向审批机关报送申请文件之前至少 15 日,向债权人发出通知书,并在全国发行的省级以上报纸上发布公告。

第十四条 并购当事人应以资产评估机构对拟转让的股权价值或拟出售资产的评估结果作为确定交易价格的依据。并购当事人可以约定在中国境内依法设立的资产评估机构。资产评估应采用国际通行的评估方法。禁止以明显低于评估结果的价格转让股权或出售资产,变相向境外转移资本。

外国投资者并购境内企业,导致以国有资产投资形成的股权变更或国有资产产权转移时,应当符合国有资产管理的有关规定。

第十五条 并购当事人应对并购各方是否存在关联关系进行说明,如果有两方属于同一个实际控制人,则当事人应向审批机关披露其实际控制人,并就并购目的和评估结果是否符合市场公允价值进行解释。当事人不得以信托、代持或其他方式规避前述要求。

第十六条　外国投资者并购境内企业设立外商投资企业，外国投资者应自外商投资企业营业执照颁发之日起3个月内向转让股权的股东，或出售资产的境内企业支付全部对价。对特殊情况需要延长者，经审批机关批准后，应自外商投资企业营业执照颁发之日起6个月内支付全部对价的60%以上，1年内付清全部对价，并按实际缴付的出资比例分配收益。

外国投资者认购境内公司增资，有限责任公司和以发起方式设立的境内股份有限公司的股东应当在公司申请外商投资企业营业执照时缴付不低于20%的新增注册资本，其余部分的出资时间应符合《公司法》、有关外商投资的法律和《公司登记管理条例》的规定。其他法律和行政法规另有规定的，从其规定。股份有限公司为增加注册资本发行新股时，股东认购新股，依照设立股份有限公司缴纳股款的有关规定执行。

外国投资者资产并购的，投资者应在拟设立的外商投资企业合同、章程中规定出资期限。设立外商投资企业，并通过该企业协议购买境内企业资产且运营该资产的，对与资产对价等额部分的出资，投资者应在本条第一款规定的对价支付期限内缴付；其余部分的出资应符合设立外商投资企业出资的相关规定。

外国投资者并购境内企业设立外商投资企业，如果外国投资者出资比例低于企业注册资本25%的，投资者以现金出资的，应自外商投资企业营业执照颁发之日起3个月内缴清；投资者以实物、工业产权等出资的，应自外商投资企业营业执照颁发之日起6个月内缴清。

第十七条 作为并购对价的支付手段，应符合国家有关法律和行政法规的规定。外国投资者以其合法拥有的人民币资产作为支付手段的，应经外汇管理机关核准。外国投资者以其拥有处置权的股权作为支付手段的，按照本规定第四章办理。

第十八条 外国投资者协议购买境内公司股东的股权，境内公司变更设立为外商投资企业后，该外商投资企业的注册资本为原境内公司注册资本，外国投资者的出资比例为其所购买股权在原注册资本中所占比例。

外国投资者认购境内有限责任公司增资的，并购后所设外商投资企业的注册资本为原境内公司注册资本与增资额之和。外国投资者与被并购境内公司原其他股东，在境内公司资产评估的基础上，确定各自在外商投资企业注册资本中的出资比例。

外国投资者认购境内股份有限公司增资的，按

照《公司法》有关规定确定注册资本。

第十九条　外国投资者股权并购的，除国家另有规定外，对并购后所设外商投资企业应按照以下比例确定投资总额的上限：

（一）注册资本在210万美元以下的，投资总额不得超过注册资本的10/7；

（二）注册资本在210万美元以上至500万美元的，投资总额不得超过注册资本的2倍；

（三）注册资本在500万美元以上至1200万美元的，投资总额不得超过注册资本的2.5倍；

（四）注册资本在1200万美元以上的，投资总额不得超过注册资本的3倍。

第二十条　外国投资者资产并购的，应根据购买资产的交易价格和实际生产经营规模确定拟设立的外商投资企业的投资总额。拟设立的外商投资企业的注册资本与投资总额的比例应符合有关规定。

第三章　审批与登记

第二十一条　外国投资者股权并购的，投资者应根据并购后所设外商投资企业的投资总额、企业类型及所从事的行业，依照设立外商投资企业的法律、行政法规和规章的规定，向具有相应审批权限的审批机关报送下列文件：

（一）被并购境内有限责任公司股东一致同意外国投资者股权并购的决议，或被并购境内股份有限公司同意外国投资者股权并购的股东大会决议；

（二）被并购境内公司依法变更设立为外商投资企业的申请书；

（三）并购后所设外商投资企业的合同、章程；

（四）外国投资者购买境内公司股东股权或认购境内公司增资的协议；

（五）被并购境内公司上一财务年度的财务审计报告；

（六）经公证和依法认证的投资者的身份证明文件或注册登记证明及资信证明文件；

（七）被并购境内公司所投资企业的情况说明；

（八）被并购境内公司及其所投资企业的营业执照（副本）；

（九）被并购境内公司职工安置计划；

（十）本规定第十三条、第十四条、第十五条要求报送的文件。

并购后所设外商投资企业的经营范围、规模、土地使用权的取得等，涉及其他相关政府部门许可的，有关的许可文件应一并报送。

第二十二条 股权购买协议、境内公司增资协

议应适用中国法律,并包括以下主要内容:

(一)协议各方的状况,包括名称(姓名),住所,法定代表人姓名、职务、国籍等;

(二)购买股权或认购增资的份额和价款;

(三)协议的履行期限、履行方式;

(四)协议各方的权利、义务;

(五)违约责任、争议解决;

(六)协议签署的时间、地点。

第二十三条 外国投资者资产并购的,投资者应根据拟设立的外商投资企业的投资总额、企业类型及所从事的行业,依照设立外商投资企业的法律、行政法规和规章的规定,向具有相应审批权限的审批机关报送下列文件:

(一)境内企业产权持有人或权力机构同意出售资产的决议;

(二)外商投资企业设立申请书;

(三)拟设立的外商投资企业的合同、章程;

(四)拟设立的外商投资企业与境内企业签署的资产购买协议,或外国投资者与境内企业签署的资产购买协议;

(五)被并购境内企业的章程、营业执照(副本);

(六)被并购境内企业通知、公告债权人的证明以及债权人是否提出异议的说明；

（七）经公证和依法认证的投资者的身份证明文件或开业证明、有关资信证明文件；

（八）被并购境内企业职工安置计划；

（九）本规定第十三条、第十四条、第十五条要求报送的文件。

依照前款的规定购买并运营境内企业的资产，涉及其他相关政府部门许可的，有关的许可文件应一并报送。

外国投资者协议购买境内企业资产并以该资产投资设立外商投资企业的，在外商投资企业成立之前，不得以该资产开展经营活动。

第二十四条 资产购买协议应适用中国法律，并包括以下主要内容：

（一）协议各方的状况，包括名称（姓名），住所，法定代表人姓名、职务、国籍等；

（二）拟购买资产的清单、价格；

（三）协议的履行期限、履行方式；

（四）协议各方的权利、义务；

（五）违约责任、争议解决；

（六）协议签署的时间、地点。

第二十五条 外国投资者并购境内企业设立外商投资企业，除本规定另有规定外，审批机关应自收

到规定报送的全部文件之日起30日内,依法决定批准或不批准。决定批准的,由审批机关颁发批准证书。

外国投资者协议购买境内公司股东股权,审批机关决定批准的,应同时将有关批准文件分别抄送股权转让方、境内公司所在地外汇管理机关。股权转让方所在地外汇管理机关为其办理转股收汇外资外汇登记并出具相关证明,转股收汇外资外汇登记证明是证明外方已缴付的股权收购对价已到位的有效文件。

第二十六条　外国投资者资产并购的,投资者应自收到批准证书之日起30日内,向登记管理机关申请办理设立登记,领取外商投资企业营业执照。

外国投资者股权并购的,被并购境内公司应依照本规定向原登记管理机关申请变更登记,领取外商投资企业营业执照。原登记管理机关没有登记管辖权的,应自收到申请文件之日起10日内转送有管辖权的登记管理机关办理,同时附送该境内公司的登记档案。被并购境内公司在申请变更登记时,应提交以下文件,并对其真实性和有效性负责:

(一)变更登记申请书;

(二)外国投资者购买境内公司股东股权或认购境内公司增资的协议;

（三）修改后的公司章程或原章程的修正案和依法需要提交的外商投资企业合同；

（四）外商投资企业批准证书；

（五）外国投资者的主体资格证明或者自然人身份证明；

（六）修改后的董事会名单，记载新增董事姓名、住所的文件和新增董事的任职文件；

（七）国家工商行政管理总局规定的其他有关文件和证件。

投资者自收到外商投资企业营业执照之日起30日内，到税务、海关、土地管理和外汇管理等有关部门办理登记手续。

第四章　外国投资者以股权作为支付手段并购境内公司

第一节　以股权并购的条件

第二十七条　本章所称外国投资者以股权作为支付手段并购境内公司，系指境外公司的股东以其持有的境外公司股权，或者境外公司以其增发的股份，作为支付手段，购买境内公司股东的股权或者境内公司增发股份的行为。

第二十八条 本章所称的境外公司应合法设立并且其注册地具有完善的公司法律制度，且公司及其管理层最近3年未受到监管机构的处罚；除本章第三节所规定的特殊目的公司外，境外公司应为上市公司，其上市所在地应具有完善的证券交易制度。

第二十九条 外国投资者以股权并购境内公司所涉及的境内外公司的股权，应符合以下条件：

（一）股东合法持有并依法可以转让；

（二）无所有权争议且没有设定质押及任何其他权利限制；

（三）境外公司的股权应在境外公开合法证券交易市场（柜台交易市场除外）挂牌交易；

（四）境外公司的股权最近1年交易价格稳定。

前款第（三）、（四）项不适用于本章第三节所规定的特殊目的公司。

第三十条 外国投资者以股权并购境内公司，境内公司或其股东应当聘请在中国注册登记的中介机构担任顾问（以下称“并购顾问”）。并购顾问应就并购申请文件的真实性、境外公司的财务状况以及并购是否符合本规定第十四条、第二十八条和第二十九条的要求作尽职调查，并出具并购顾问报告，就前述内容逐项发表明确的专业意见。

第三十一条 并购顾问应符合以下条件：

（一）信誉良好且有相关从业经验；

（二）无重大违法违规记录；

（三）应有调查并分析境外公司注册地和上市所在地法律制度与境外公司财务状况的能力。

第二节　申报文件与程序

第三十二条　外国投资者以股权并购境内公司应报送商务部审批，境内公司除报送本规定第三章所要求的文件外，另须报送以下文件：

（一）境内公司最近1年股权变动和重大资产变动情况的说明；

（二）并购顾问报告；

（三）所涉及的境内外公司及其股东的开业证明或身份证明文件；

（四）境外公司的股东持股情况说明和持有境外公司5%以上股权的股东名录；

（五）境外公司的章程和对外担保的情况说明；

（六）境外公司最近年度经审计的财务报告和最近半年的股票交易情况报告。

第三十三条　商务部自收到规定报送的全部文件之日起30日内对并购申请进行审核，符合条件的，颁发批准证书，并在批准证书上加注“外国投资者以股权并购境内公司，自营业执照颁发之日起6

个月内有效”。

第三十四条　境内公司应自收到加注的批准证书之日起30日内，向登记管理机关、外汇管理机关办理变更登记，由登记管理机关、外汇管理机关分别向其颁发加注“自颁发之日起8个月内有效”字样的外商投资企业营业执照和外汇登记证。

境内公司向登记管理机关办理变更登记时，应当预先提交旨在恢复股权结构的境内公司法定代表人签署的股权变更申请书、公司章程修正案、股权转让协议等文件。

第三十五条　自营业执照颁发之日起6个月内，境内公司或其股东应就其持有境外公司股权事项，向商务部、外汇管理机关申请办理境外投资开办企业核准、登记手续。

当事人除向商务部报送《关于境外投资开办企业核准事项的规定》所要求的文件外，另须报送加注的外商投资企业批准证书和加注的外商投资企业营业执照。商务部在核准境内公司或其股东持有境外公司的股权后，颁发中国企业境外投资批准证书，并换发无加注的外商投资企业批准证书。

境内公司取得无加注的外商投资企业批准证书后，应在30日内向登记管理机关、外汇管理机关申请换发无加注的外商投资企业营业执照、外汇登记证。

第三十六条 自营业执照颁发之日起6个月内,如果境内外公司没有完成其股权变更手续,则加注的批准证书和中国企业境外投资批准证书自动失效,登记管理机关根据境内公司预先提交的股权变更登记申请文件核准变更登记,使境内公司股权结构恢复到股权并购之前的状态。

并购境内公司增发股份而未实现的,在登记管理机关根据前款予以核准变更登记之前,境内公司还应当按照《公司法》的规定,减少相应的注册资本并在报纸上公告。

境内公司未按照前款规定办理相应的登记手续的,由登记管理机关按照《公司登记管理条例》的有关规定处理。

第三十七条 境内公司取得无加注的外商投资企业批准证书、外汇登记证之前,不得向股东分配利润或向有关联关系的公司提供担保,不得对外支付转股、减资、清算等资本项目款项。

第三十八条 境内公司或其股东凭商务部和登记管理机关颁发的无加注批准证书和营业执照,到税务机关办理税务变更登记。

第三节 对于特殊目的公司的特别规定

第三十九条 特殊目的公司系指中国境内公司

或自然人为实现以其实际拥有的境内公司权益在境外上市而直接或间接控制的境外公司。

特殊目的公司为实现在境外上市，其股东以其所持公司股权，或者特殊目的公司以其增发的股份，作为支付手段，购买境内公司股东的股权或者境内公司增发的股份的，适用本节规定。

当事人以持有特殊目的的公司权益的境外公司作为境外上市主体的，该境外公司应符合本节对于特殊目的的公司的相关要求。

第四十条　特殊目的公司境外上市交易，应经国务院证券监督管理机构批准。

特殊目的公司境外上市所在国家或者地区应有完善的法律和监管制度，其证券监管机构已与国务院证券监督管理机构签订监管合作谅解备忘录，并保持着有效的监管合作关系。

第四十一条　本节所述的权益在境外上市的境内公司应符合下列条件：

（一）产权明晰，不存在产权争议或潜在产权争议；

（二）有完整的业务体系和良好的持续经营能力；

（三）有健全的公司治理结构和内部管理制度；

（四）公司及其主要股东近3年无重大违法违规

记录。

第四十二条 境内公司在境外设立特殊目的公司,应向商务部申请办理核准手续。办理核准手续时,境内公司除向商务部报送《关于境外投资开办企业核准事项的规定》要求的文件外,另须报送以下文件:

(一)特殊目的公司最终控制人的身份证明文件;

(二)特殊目的公司境外上市商业计划书;

(三)并购顾问就特殊目的公司未来境外上市的股票发行价格所作的评估报告。

获得中国企业境外投资批准证书后,设立人或控制人应向所在地外汇管理机关申请办理相应的境外投资外汇登记手续。

第四十三条 特殊目的公司境外上市的股票发行价总值,不得低于其所对应的经中国有关资产评估机构评估的被并购境内公司股权的价值。

第四十四条 特殊目的公司以股权并购境内公司的,境内公司除向商务部报送本规定第三十二条所要求的文件外,另须报送以下文件:

(一)设立特殊目的公司时的境外投资开办企业批准文件和证书;

(二)特殊目的公司境外投资外汇登记表;

（三）特殊目的公司最终控制人的身份证明文件或开业证明、章程；

（四）特殊目的公司境外上市商业计划书；

（五）并购顾问就特殊目的公司未来境外上市的股票发行价格所作的评估报告。

如果以持有特殊目的公司权益的境外公司作为境外上市主体，境内公司还须报送以下文件：

（一）该境外公司的开业证明和章程；

（二）特殊目的公司与该境外公司之间就被并购的境内公司股权所作的交易安排和折价方法的详细说明。

第四十五条　商务部对本规定第四十四条所规定的文件初审同意的，出具原则批复函，境内公司凭该批复函向国务院证券监督管理机构报送申请上市的文件。国务院证券监督管理机构于20个工作日内决定是否核准。

境内公司获得核准后，向商务部申领批准证书。商务部向其颁发加注“境外特殊目的公司持股，自营业执照颁发之日起1年内有效”字样的批准证书。

并购导致特殊目的公司股权等事项变更的，持有特殊目的公司股权的境内公司或自然人，凭加注的外商投资企业批准证书，向商务部就特殊目的公司相关事项办理境外投资开办企业变更核准手续，并向所在地外汇管理机关申请办理境外投资外汇登记变更。

第四十六条 境内公司应自收到加注的批准证书之日起30日内，向登记管理机关、外汇管理机关办理变更登记，由登记管理机关、外汇管理机关分别向其颁发加注“自颁发之日起14个月内有效”字样的外商投资企业营业执照和外汇登记证。

境内公司向登记管理机关办理变更登记时，应当预先提交旨在恢复股权结构的境内公司法定代表人签署的股权变更申请书、公司章程修正案、股权转让协议等文件。

第四十七条 境内公司应自特殊目的公司或与特殊目的公司有关联关系的境外公司完成境外上市之日起30日内，向商务部报告境外上市情况和融资收入调回计划，并申请换发无加注的外商投资企业批准证书。同时，境内公司应自完成境外上市之日起30日内，向国务院证券监督管理机构报告境外上市情况并提供相关的备案文件。境内公司还应向外汇管理机关报送融资收入调回计划，由外汇管理机关监督实施。境内公司取得无加注的批准证书后，应在30日内向登记管理机关、外汇管理机关申请换发无加注的外商投资企业营业执照、外汇登记证。

如果境内公司在前述期限内未向商务部报告，

境内公司加注的批准证书自动失效,境内公司股权结构恢复到股权并购之前的状态,并应按本规定第三十六条办理变更登记手续。

第四十八条　特殊目的公司的境外上市融资收入,应按照报送外汇管理机关备案的调回计划,根据现行外汇管理规定调回境内使用。融资收入可采取以下方式调回境内:

(一)向境内公司提供商业贷款;

(二)在境内新设外商投资企业;

(三)并购境内企业。

在上述情形下调回特殊目的公司境外融资收入,应遵守中国有关外商投资及外债管理的法律和行政法规。如果调回特殊目的公司境外融资收入,导致境内公司和自然人增持特殊目的公司权益或特殊目的公司净资产增加,当事人应如实披露并报批,在完成审批手续后办理相应的外资外汇登记和境外投资登记变更。

境内公司及自然人从特殊目的公司获得的利润、红利及资本变动所得外汇收入,应自获得之日起6个月内调回境内。利润或红利可以进入经常项目外汇账户或者结汇。资本变动外汇收入经外汇管理机关核准,可以开立资本项目专用账户保留,也可经外汇管理机关核准后结汇。

第四十九条 自营业执照颁发之日起1年内，如果境内公司不能取得无加注批准证书，则加注的批准证书自动失效，并应按本规定第三十六条办理变更登记手续。

第五十条 特殊目的公司完成境外上市且境内公司取得无加注的批准证书和营业执照后，当事人继续以该公司股份作为支付手段并购境内公司的，适用本章第一节和第二节的规定。

第五章 反垄断审查

第五十一条 外国投资者并购境内企业有下列情形之一的，投资者应就所涉情形向商务部和国家工商行政管理总局报告：

（一）并购一方当事人当年在中国市场营业额超过15亿元人民币；

（二）1年内并购国内关联行业的企业累计超过10个；

（三）并购一方当事人在中国的市场占有率已经达到20%；

（四）并购导致并购一方当事人在中国的市场占有率达到25%。

虽未达到前款所述条件，但是应有竞争关系的

境内企业、有关职能部门或者行业协会的请求，商务部或国家工商行政管理总局认为外国投资者并购涉及市场份额巨大，或者存在其他严重影响市场竞争等重要因素的，也可以要求外国投资者作出报告。

上述并购一方当事人包括与外国投资者有关联关系的企业。

第五十二条　外国投资者并购境内企业涉及本规定第五十一条所述情形之一，商务部和国家工商行政管理总局认为可能造成过度集中，妨害正当竞争、损害消费者利益的，应自收到规定报送的全部文件之日起 90 日内，共同或经协商单独召集有关部门、机构、企业以及其他利害关系方举行听证会，并依法决定批准或不批准。

第五十三条　境外并购有下列情形之一的，并购方应在对外公布并购方案之前或者报所在国主管机构的同时，向商务部和国家工商行政管理总局报送并购方案。商务部和国家工商行政管理总局应审查是否存在造成境内市场过度集中，妨害境内正当竞争、损害境内消费者利益的情形，并作出是否同意的决定：

（一）境外并购一方当事人在我国境内拥有资产 30 亿元人民币以上；

（二）境外并购一方当事人当年在中国市场上的营业额15亿元人民币以上；

（三）境外并购一方当事人及与其有关联关系的企业在中国市场占有率已经达到20%；

（四）由于境外并购,境外并购一方当事人及与其有关联关系的企业在中国的市场占有率达到25%；

（五）由于境外并购,境外并购一方当事人直接或间接参股境内相关行业的外商投资企业将超过15家。

第五十四条 有下列情况之一的并购,并购一方当事人可以向商务部和国家工商行政管理总局申请审查豁免：

（一）可以改善市场公平竞争条件的；

（二）重组亏损企业并保障就业的；

（三）引进先进技术和管理人才并能提高企业国际竞争力的；

（四）可以改善环境的。

第六章 附 则

第五十五条 外国投资者在中国境内依法设立的投资性公司并购境内企业,适用本规定。

外国投资者购买境内外商投资企业股东的股权

或认购境内外商投资企业增资的，适用现行外商投资企业法律、行政法规和外商投资企业投资者股权变更的相关规定，其中没有规定的，参照本规定办理。

外国投资者通过其在中国设立的外商投资企业合并或收购境内企业的，适用关于外商投资企业合并与分立的相关规定和关于外商投资企业境内投资的相关规定，其中没有规定的，参照本规定办理。

外国投资者并购境内有限责任公司并将其改制为股份有限公司的，或者境内公司为股份有限公司的，适用关于设立外商投资股份有限公司的相关规定，其中没有规定的，适用本规定。

第五十六条　申请人或申报人报送文件，应依照本规定对文件进行分类，并附文件目录。规定报送的全部文件应用中文表述。

第五十七条　被股权并购境内公司的中国自然人股东，经批准，可继续作为变更后所设外商投资企业的中方投资者。

第五十八条　境内公司的自然人股东变更国籍的，不改变该公司的企业性质。

第五十九条　相关政府机构工作人员必须忠于职守、依法履行职责，不得利用职务之便牟取不正当利益,并对知悉的商业秘密负有保密义务。

第六十条 香港特别行政区、澳门特别行政区和台湾地区的投资者并购境内其他地区的企业,参照本规定办理。

第六十一条 本规定自2006年9月8日起施行。

国务院办公厅关于建立外国投资者并购境内企业安全审查制度的通知

国办发〔2011〕6号

各省、自治区、直辖市人民政府，国务院各部委、各直属机构：

近年来，随着经济全球化的深入发展和我国对外开放的进一步扩大，外国投资者以并购方式进行的投资逐步增多，促进了我国利用外资方式多样化，在优化资源配置、推动技术进步、提高企业管理水平等方面发挥了积极作用。为引导外国投资者并购境内企业有序发展，维护国家安全，经国务院同意，现就建立外国投资者并购境内企业安全审查（以下简称并购安全审查）制度有关事项通知如下：

一、并购安全审查范围

（一）并购安全审查的范围为：外国投资者并购境内军工及军工配套企业，重点、敏感军事设施周边企业,以及关系国防安全的其他单位;外国投资者并购境内关系国家安全的重要农产品、重要能源和资源、重要基础设施、重要运输服务、关键技术、重大装备制造等企业,且实际控制权可能被外国投资者取得。

(二)外国投资者并购境内企业,是指下列情形:

1. 外国投资者购买境内非外商投资企业的股权或认购境内非外商投资企业增资,使该境内企业变更设立为外商投资企业。

2. 外国投资者购买境内外商投资企业中方股东的股权,或认购境内外商投资企业增资。

3. 外国投资者设立外商投资企业,并通过该外商投资企业协议购买境内企业资产并且运营该资产,或通过该外商投资企业购买境内企业股权。

4. 外国投资者直接购买境内企业资产,并以该资产投资设立外商投资企业运营该资产。

(三)外国投资者取得实际控制权,是指外国投资者通过并购成为境内企业的控股股东或实际控制人。包括下列情形:

1. 外国投资者及其控股母公司、控股子公司在并购后持有的股份总额在50%以上。

2. 数个外国投资者在并购后持有的股份总额合计在50%以上。

3. 外国投资者在并购后所持有的股份总额不足50%，但依其持有的股份所享有的表决权已足以对股东会或股东大会、董事会的决议产生重大影响。

4. 其他导致境内企业的经营决策、财务、人事、技术等实际控制权转移给外国投资者的情形。

二、并购安全审查内容

（一）并购交易对国防安全，包括对国防需要的国内产品生产能力、国内服务提供能力和有关设备设施的影响。

（二）并购交易对国家经济稳定运行的影响。

（三）并购交易对社会基本生活秩序的影响。

（四）并购交易对涉及国家安全关键技术研发能力的影响。

三、并购安全审查工作机制

（一）建立外国投资者并购境内企业安全审查部际联席会议（以下简称联席会议）制度，具体承担并购安全审查工作。

（二）联席会议在国务院领导下，由发展改革委、商务部牵头，根据外资并购所涉及的行业和领域，会同相关部门开展并购安全审查。

（三）联席会议的主要职责是：分析外国投资者并购境内企业对国家安全的影响；研究、协调外国投资者并购境内企业安全审查工作中的重大问题；对需要进行安全审查的外国投资者并购境内企业交易进行安全审查并作出决定。

四、并购安全审查程序

（一）外国投资者并购境内企业，应按照本通知规定，由投资者向商务部提出申请。对属于安全审查范围内的并购交易，商务部应在5个工作日内提请联席会议进行审查。

（二）外国投资者并购境内企业，国务院有关部门、全国性行业协会、同业企业及上下游企业认为需要进行并购安全审查的，可以通过商务部提出进行并购安全审查的建议。联席会议认为确有必要进行并购安全审查的，可以决定进行审查。

（三）联席会议对商务部提请安全审查的并购交易，首先进行一般性审查，对未能通过一般性审查的，进行特别审查。并购交易当事人应配合联席会议的安全审查工作，提供安全审查需要的材料、信息，接受有关询问。

一般性审查采取书面征求意见的方式进行。联席会议收到商务部提请安全审查的并购交易申请后，在5个工作日内，书面征求有关部门的意见。有关部门在收到书面征求意见函后，应在20个工作日内提出书面意见。如有关部门均认为并购交易不影响国家安全，则不再进行特别审查，由联席会议在收

到全部书面意见后5个工作日内提出审查意见,并书面通知商务部。

如有部门认为并购交易可能对国家安全造成影响,联席会议应在收到书面意见后5个工作日内启动特别审查程序。启动特别审查程序后,联席会议组织对并购交易的安全评估,并结合评估意见对并购交易进行审查,意见基本一致的,由联席会议提出审查意见;存在重大分歧的,由联席会议报请国务院决定。联席会议自启动特别审查程序之日起60个工作日内完成特别审查,或报请国务院决定。审查意见由联席会议书面通知商务部。

(四)在并购安全审查过程中,申请人可向商务部申请修改交易方案或撤销并购交易。

(五)并购安全审查意见由商务部书面通知申请人。

(六)外国投资者并购境内企业行为对国家安全已经造成或可能造成重大影响的,联席会议应要求商务部会同有关部门终止当事人的交易,或采取转让相关股权、资产或其他有效措施,消除该并购行为对国家安全的影响。

五、其他规定

(一)有关部门和单位要树立全局观念,增强责任意识,保守国家秘密和商业秘密,提高工作效率,在扩大对外开放和提高利用外资水平的同时，推动外资并购健康发展，切实维护国家安全。

（二）外国投资者并购境内企业涉及新增固定资产投资的，按国家固定资产投资管理规定办理项目核准。

（三）外国投资者并购境内企业涉及国有产权变更的，按国家国有资产管理的有关规定办理。

（四）外国投资者并购境内金融机构的安全审查另行规定。

（五）香港特别行政区、澳门特别行政区、台湾地区的投资者进行并购，参照本通知的规定执行。

（六）并购安全审查制度自本通知发布之日起30日后实施。

国务院办公厅
二〇一一年二月三日

上海,非经营性复函

（2006 年 9 月 30 日）

上海市城市交通管理局:

你局《关于拟同意液化空气上海有限公司等 7 家外资企业从事非经营性道路危险货物运输项目的请示》（沪交货〔2006〕512 号）收悉。经研究,现将有关意见函复如下:

一、根据《外商投资道路运输业管理规定》（交通部、外贸部令 2001 年第 9 号）第三条、第八条的规定,只有外商投资企业从事经营性道路运输业务时,才需经我部审批立项,故你局上报的液化空气上海有限公司等 7 家外资企业从事非经营性道路危险货物运输项目,不需经我部批准立项。

二、对外商投资企业使用自备专用车辆从事为本单位服务的非经营性道路危险货物运输的,应由设区的市级道路运输管理机构根据《道路危险货物运输管理规定》(交通部令2005年第9号)的有关规定进行许可。

交通部公路司

二〇〇六年九月三十日

关于对外商投资道路运输业立项有关问题的批复

（厅公路字〔2007〕164号）

广东省交通厅：

你厅《关于对外资企业立项有关问题的请示》（粤交运〔2007〕527）号）收悉。经研究，现批复如下：

一、根据《外商投资道路运输业管理规定》等有关规定，外商投资道路运输业的立项及相关事项应当经国务院交通主管部门批准。考虑到你省的实际情况，同意由你厅负责对5辆车以下的生产型外资企业的资格条件进行审查后，集中报部审批。

二、对以从事对外加工装配业务为主要特征的“三来一补”企业，因其经济类型没有明确属外资企业，其用于生产所需的自用车辆不需办理外资企业立项。

三、根据《中华人民共和国道路运输条例》，交通部对外商投资道路运输业的许可项目为：道路旅客运输经营、道路货物运输经营、站（场）经营、机动车维修经营、机动车驾驶员培训。

四、外商投资企业在境内再投资道路运输业的，应按照《外商投资道路运输业管理规定》等有关规定进行审批、管理。

中华人民共和国交通部办公厅
二〇〇七年七月十九日

关于做好外商投资道路运输业立项审批网上办理有关工作的通知

（厅函运〔2010〕155 号）

各省、自治区、直辖市交通运输厅（委）：

根据《关于国道收费权转让及转让期限审批等 14 项行政许可实行网上办理的公告》（交通运输部公告 2010 年第 29 号，以下简称《公告》）的要求，自 2010 年 7 月 1 日起对外商投资道路运输业立项行政许可实行网上办理。现就有关事项通知如下：

一、（略）

二、（略）

三、（略）

四、为简化外商投资道路运输业的审批手续，由省级交通运输主管部门对 5 辆车以下的外商投资企业扩大经营范围从事道路货物运输业的资格条件进行审查后,集中报部审批。

中华人民共和国交通运输部办公厅
二〇一〇年九月十五日

广东,车型复函

（2011 年 2 月 9 日）

广东省交通运输厅：

你厅《关于广东太古可口可乐有限公司申请调整经营规模的请示》（粤交运〔2010〕1600 号）收悉。对其中涉及的外商投资道路运输企业申请车辆类型调整的问题，经研究，现函复如下：

你厅可依据《机动车类型　术语和定义》（GA 802—2008），将外商投资道路运输企业已获我部许可的厢式货车调整为仓栅式货车或封闭货车。

中华人民共和国交通运输部道路运输司
二〇一一年二月九日

上海,分公司年限复函

(2012 年 6 月 18 日)

上海市交通运输和港口管理局:

你局《关于大航国际货运有限公司苏州、天津分公司延长经营期限的请示》(沪交货〔2012〕237 号)收悉。鉴于分公司的经营期限以总公司的经营期限为准,故分公司不用申请延长经营期限。

中华人民共和国交通运输部道路运输司
二〇一二年六月十八日

四川,外商投资企业转股复函

（2012 年 9 月 5 日）

四川省交通运输厅道路运输管理局：

你局《关于叶水福物流（成都）有限公司申领道路运输经营许可证有关问题的请示》（川运函〔2012〕214 号）收悉。经研究，答复如下：

根据《外商投资道路运输业管理规定》（交通部、外贸部令 2001 年第 9 号）第八条，外商投资企业扩大经营范围从事道路运输业的，改变投资股比无需报部审批。请你局按相关规定为叶水福物流（成都）有限公司办理相关手续。

中华人民共和国交通运输部道路运输司
2012 年 9 月 5 日

第三部分

参 考 资 料

外商投资道路运输业审批程序

一、外商投资道路运输业的范围

道路运输经营包括道路旅客运输经营、道路货物运输经营和道路运输相关业务。道路运输相关业务包括站（场）经营、机动车维修经营[1]。

外商投资企业在境内再投资道路旅客运输经营的，应按照《外商投资道路运输业管理规定》等有关规定进行审批、管理。

香港特别行政区、澳门特别行政区和台湾省的投资者以及海外华侨在中国内地投资道路运输业的适用本办法。

二、外商投资道路运输业的形式

外商投资道路运输业有外商独资、中外合资、中外合作以及并购、外商投资企业再投资等形式。

---

[1]《中华人民共和国道路运输条例》。

三、交通运输行政管理部门的职责

交通运输部主管全国的外商投资道路运输业管理工作。

省级地方人民政府交通运输主管部门负责本辖区的外商投资道路运输业的立项及相关事项的批准。

设区的市级交通运输主管部门负责本行政区域的外商投资道路运输业的立项及相关事项申请工作,包括提出初审意见,报省级交通运输主管部门审批。

四、外商投资道路运输业的投资政策

外商投资道路运输业应当符合国务院交通运输主管部门制定的道路运输发展政策和企业资质条件,并符合拟设立外商投资道路运输企业所在地的交通运输主管部门制定的道路运输业发展规划的要求。

投资各方应当以自有资产投资并具有良好的信誉。

五、外商投资道路运输业的立项审批

立项是指外商在中华人民共和国境内投资道路

运输业，设立外商投资道路运输企业（即设立新的道路运输企业），也称为外商投资道路运输业的前置许可。立项还包括外商并购国内已有的内资道路运输企业、外商投资企业再投资道路旅客运输企业。

（1）中外合资形式投资客运、客运站（场）经营，还应符合以下条件：

①主要投资者中至少一方必须是在中国境内从事5年以上道路旅客运输业务的企业；

②外资股份比例不得多于49%；

③企业注册资本的50%用于客运基础设施的建设与改造；

④投放的车辆应当是中级及以上的客车。

（2）外商独资、中外合资、中外合作形式投资货运经营、货运站（场）经营、机动车维修经营。

（3）香港服务提供者和澳门服务提供者在内地西部地区设立独资企业经营道路旅客运输业务[2]。

六、外商投资道路运输业的立项申请

设立外商投资道路运输企业，应由拟设企业向其所在地的设区的市级交通运输主管部门提出立项

---

❷关于《外商投资道路运输业管理规定》的补充规定（交通部、商务部令2003年第12号）。

申请,并提交以下材料(提交外文资料须同时附中文翻译件,所有复印件须加盖投资企业公章或法人签字):

(1)申请书。申请书内容包括企业类型、投资总额、注册资本、投资主体、投资股比、经营范围、经营规模(包括车辆类型、车辆数量)、经营期限。

(2)项目建议书。

(3)投资者的法律证明文件(投资者的工商登记证明及法人、自然人的合法身份证明)。

(4)投资者资信证明。资信证明应包括两方面的内容:一是投资者主要账户所在银行为其出具以往信誉良好、无不良纪录、无违约行为等的证明;二是出具投资者目前具有投资能力(如存款余额)证明。

(5)投资者以土地使用权、设施和设备等投资的,应提供资产评估证明。

(6)拟设立企业名称预先核准通知书及复印件。

(7)拟设立中外合资、中外合作企业的,提交投资各方签署的合作意向书。

(8)拟设立外商投资道路旅客运输业务的,应同时提交投资者所在地的设区的市级交通运输主管部门出具的在中国境内从事 5 年以上道路旅客运输业务的证明,以及拟购车辆承诺书。

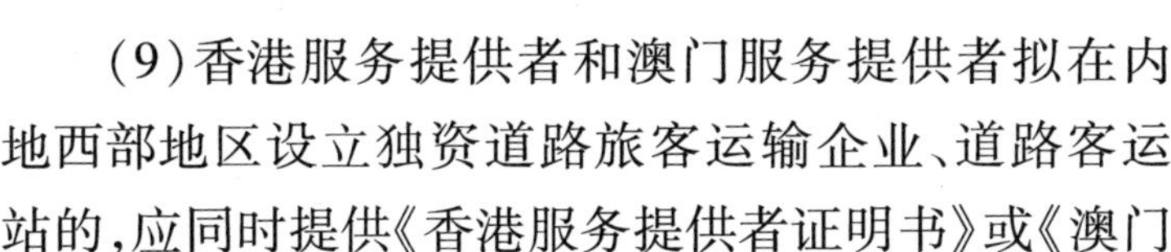

(9)香港服务提供者和澳门服务提供者拟在内地西部地区设立独资道路旅客运输企业、道路客运站的,应同时提供《香港服务提供者证明书》或《澳门服务提供者证明书》。

七、外商投资道路运输业的增项审批

增项分为以下三种形式:

(1)外商投资道路运输企业(已立项的外商投资道路运输企业)增项是指,外商投资道路运输企业申请在交通运输部(或省交通运输厅)原立项批件的基础上,扩大经营范围或者扩大经营规模或者同时扩大经营范围、经营规模的(即外商投资道路运输企业扩大经营范围或者扩大经营规模超出原核定标准的)。

(2)外商投资企业的增项是指,外商投资企业(如生产水泥、服装的)申请扩大经营范围从事道路运输业。

(3)外商投资道路运输企业设立分公司从事道路运输业。

八、外商投资道路运输业的增项申请

增项申报分为以下三种形式:

(1)外商投资道路运输企业增项的,应由企业向其所在地的设区的市级交通运输主管部门提出增项申

请,并提交以下材料(提交外文资料须同时附中文翻译件,所有复印件须加盖投资企业公章或法人签字):

①申请书[申请扩大经营范围、经营规模(车辆类型及车辆数量)等情况];

②交通运输部(或省交通运输厅)外商投资道路运输业的所有批件(包括:立项批件或已有的增项、变更、分公司等批件)复印件;

③企业法人营业执照复印件;

④外商投资企业批准证书复印件;

⑤外商投资企业立项批件复印件;

⑥资信证明。

(2)外商投资企业增项的,应由拟设企业向其所在地的设区的市级交通运输主管部门提出立项申请,并提交以下材料(提交外文资料须同时附中文翻译件,所有复印件须加盖投资企业公章或法人签字):

①申请书[申请从事道路运输的经营范围、经营规模(车辆类型及车辆数量)、经营期限等情况];

②企业法人营业执照复印件;

③外商投资企业批准证书复印件;

④外商投资企业立项批件复印件;

⑤资信证明。

(3)外商投资道路运输企业设立分公司从事道路运输业的,应由拟设企业向其所在地的设区的市

级交通运输主管部门提出立项申请，并提交以下材料（提交外文资料须同时附中文翻译件，所有复印件须加盖投资企业公章或法人签字）：

①申请书［申请分公司的经营范围、经营规模（车辆类型及车辆数量）等情况，其中分公司的经营范围、经营期限不得超出总公司《道路运输经营许可证》上核定的经营范围、经营期限］；

②总公司所有交通运输部（或省交通运输厅）外商投资道路运输业的批件（包括：立项批件或已有的增项、变更、分公司等批件）复印件；

③总公司企业法人营业执照复印件；

④总公司外商投资企业批准证书复印件；

⑤总公司外商投资企业立项批件复印件；

⑥总公司的资信证明。

外商投资道路运输企业拟在企业（总公司）所在地省级交通运输主管部门辖区以外设立分公司从事道路运输业的，企业（总公司）所在地省级交通运输主管部门应当书面征得分公司所在地省级交通运输主管部门同意后❸，按照外商投资道路运输企业扩大经营规模的有关规定进行审批。

---

❸为了顺利做好分公司增项工作，征求意见发出 20 日内，分公司所在地省级交通运输主管部门无复函的，可视为同意。为了稳妥起见，同时建议发函单位与分公司所在地省级交通运输主管部门进行电话联系并作记录。

九、外商投资道路运输业的变更

外商投资道路运输企业变更包括：拟合并、分立、迁移和变更投资主体、注册资本、投资股比。外商投资道路运输企业变更，应由该企业向其所在地的市级交通运输主管部门提出变更申请并提交以下材料（提交外文资料须同时附中文翻译件，所有复印件须加盖投资企业公章或法人签字）：

(1)申请书；

(2)交通运输部（或省交通运输厅）外商投资道路运输业的所有批件（包括：立项批件或已有的增项、变更、分公司等批件）复印件；

(3)企业法人营业执照复印件；

(4)外商投资企业批准证书复印件；

(5)外商投资企业立项批件复印件；

(6)资信证明。

十、外商投资道路运输业的审批时限

交通运输主管部门按下列程序对外商投资道路运输业立项、增项和变更申请进行审核和审批：

(1)市级交通运输主管部门自收到申请材料之日起 15 个工作日内，依据本规定提出初审意见，并将初审意见和申请材料报省级交通运输主管部门。

（2）省级交通运输主管部门自收到上报材料之日起30个工作日内，对申请材料进行审核。符合规定的，颁发立项等批件；不符合规定的，退回申请，书面通知申请人并说明理由。

（3）省级交通运输主管部门制发的外商投资道路运输业批件应当明确批件有效期限。立项批件有效期一般为18个月，其他批件有效期一般为6个月。取得外商投资道路运输业批件后在有效期内未完成工商注册等级手续的，批件自行失效。

十一、外商投资道路运输业的申请者办理相关手续

根据《外商投资道路运输业管理规定》，申请人收到批件后持此批件和相关材料到其他有关部门办理相关手续。

申请人在收到外商投资企业批准证书后，应当在30日内持立项批件和批准证书，向拟设立企业所在地道路运输管理机构申请领取道路运输经营许可证，并依法办理工商登记后，方可按核定的经营范围从事道路运输经营活动。县级以上道路运输管理机构应当根据《道路运输条例》设定的许可权限及外外商投资道路运输业批件核定的经营范围，为企业颁发《道路运输经营许可证》并配发营运车辆《道路运

输证》,或者根据许可权限及外商投资道路运输业批件核定的变更事项,为企业办理相应的变更手续。

十二、外商投资道路运输业的变更手续

申请人收到变更的外商投资企业批准证书后,应当在30日内持变更批件、变更的外商投资企业批准证书和其他相关的申请材料向原道路运输经营许可部门和工商行政管理部门办理相应的变更手续。

十三、外商投资道路运输业的备案

(1)申请人在办理完有关手续后,应将企业法人营业执照、外商投资企业批准证书以及道路运输经营许可证影印件报省级交通运输主管部门备案。

(2)外商投资企业更名后,应到省级交通运输主管部门(原许可部门)备案。

十四、外商投资道路运输业的经营期限

外商投资道路运输企业的经营期限一般不超过12年,但投资额中有50%以上的资金用于客货运输站场基础设施建设的,经营期限可为20年。

十五、外商投资道路运输业的延期

(1)经营业务符合道路运输产业政策和发展规

划，经原审批机关批准，可以申请延长经营期限，每次延长的经营期限不超过20年。

(2)申请延长经营期限的外商投资道路运输企业，应当在经营期满6个月前向企业所在地的市级交通运输主管部门提出申请，由省级交通运输主管部门批复。

十六、外商投资道路运输业的停业手续

外商投资道路运输企业停业、歇业或终止，应当及时到省级交通运输主管部门、商务主管部门和工商行政管理部门办理相关手续。

十七、外商投资道路运输业审批情况报备

省级交通运输主管部门应当于每年3月31日前将本省上年度《外商投资道路运输业审批明细表》报交通运输部道路运输司。

(将《通知》中最后一页的《外商投资道路运输业审批明细表》插入此处)

十八、外商投资道路运输业的相关术语

1. 外商投资企业

外商投资企业是指外国企业、外国经济组织和外国个人在中国投资举办的能够独立承担民事责

任,具有中国企业法人资格的经济实体。外商投资企业根据投资方式、分配方式、风险方式、回收投资方式、承担责任方式、清算方式的不同又分为中外合资经营企业、中外合作经营企业和外资企业(也称外商独资经营企业)。

2. 中外合资企业

中外合资企业是指外国公司、企业和其他经济组织或个人,经批准在中华人民共和国境内,同中国的公司、企业或其他经济组织共同投资、共同经营、共担风险、共负盈亏从事某种经营活动的企业。

3. 中外合作企业

中外合作企业是指外国公司、企业和其他经济组织或个人,经批准在中华人民共和国境内,同中国的企业或其他经济组织共同举办的,按合同规定的各方投资条件、收益分配、风险责任和经营方式等进行经营的非股权式的经济组织。中外合作企业一般是由中国合作者提供土地(使用权)、自然资源、劳动力或现有厂房、设备和相应的水电设施等,外国合作者提供资金、先进设备和技术、材料等。

4. 外资企业

外资企业又称外商独资企业,是指经批准在中国境内设立的,全部资本由外国企业和其他经济组织或个人投资的企业(不包括外国的企业和其他经

济组织在中国境内设立的分支机构）。

5. 香港服务提供者、澳门服务提供者

服务提供者是根据世界贸易组织《服务贸易总协定》(GATS)和其他自由贸易协定的规定和惯例而采用的称谓。一项服务的生产、分销、销售的主体，就是服务提供者，即提供这项服务的任何“人”，包括“自然人”或“法人”。香港服务提供者或澳门服务提供者中的“自然人”就是香港、澳门的永久居民，“法人”就是在香港、澳门根据当地法律注册或登记设立的香港公司、澳门公司。当其为“自然人”的时候，应提供有关材料证明其为香港、澳门的永久性居民或永久性居民中的中国公民；当其为“法人”的时候，应在香港、澳门根据当地法律注册或登记设立，并在香港、澳门已从事一定年限的实质性商业经营。

外商投资道路运输业有关问题的说明

根据《国务院关于取消和下放一批行政审批项目的决定》(国发〔2013〕44 号)的要求,外商投资道路运输业立项审批已由交通运输部下放至省级人民政府交通运输行政主管部门。为做好有关下放工作,并保证全国外商投资道路运输业立项审批工作的一致性,现将涉及其工作的有关名词、概念予以介绍。

一、立项

立项是指外商在中华人民共和国境内投资道路运输业,设立外商投资道路运输企业(既设立新的道路运输企业)。立项也包括外商并购国内已有的内资道路运输企业、外商投资企业再投资道路客运企业。

二、增项

增项分为以下三种形式:

(1)外商投资道路运输企业(已立项的外商投资道路运输企业)增项,是指外商投资道路运输企业申请在交通运输部(或省交通运输厅)原立项批件的基础上,扩大经营范围或者扩大经营规模或者同时扩大经营范围、规模的(既外商投资道路运输企业扩大经营范围或者扩大经营规模超出原核定标准的)。

(2)外商投资道路运输企业设立分公司从事道路运输业或分公司增加道路运输业。

(3)外商投资企业的增项,是指外商投资企业(如生产水泥、服装的)申请扩大经营范围从事道路运输业。在此强调,由于外商投资企业增项后从事道路货运的企业的立项不是交通运输部门(或者说其主业不是道路运输业),故其立项的股比要求交通运输部门不了解,因此,交通运输部门不能对其股权变更进行审批。

三、注册资本、投资总额及其比例关系

(1)投资总额,是指开办企业所需资金总额,即按其生产规模需要投入的基本建设资金和生产流动资金的总和。

(2)注册资本,是指设立企业在工商行政管理机关登记的资本总额。法律要求,经营期间不得减少注册资金。同时要注意,一是注册资金也是企业的

赔偿能力强弱的表现；二是注册资本要与企业经营规模相适应。

(3)注册资本、投资总额的比例关系，可参照1987年3月1日国家工商行政管理局公布的《关于中外合资经营企业注册资本与投资总额比例的暂行规定》。一般讲，注册资本与投资总额比例应在1/3～1/2之间。具体金额比例，可参照以下情况：

①投资总额在300万美元以下(含300万美元)的，其注册资本至少应占投资总额的70%；

②投资总额在300万美元以上至1000万美元(含1000万美元)的，其注册资本至少应占投资总额的50%；

③投资总额在1000万美元以上至3000万美元(含3000万美元)的，其注册资本至少应占投资总额的40%；

④投资总额在3000万美元以上的，其注册资本至少应占投资总额的33%。

四、经营规模与注册资本的关系

改革开放的初衷是引进先进的管理方法和先进的技术设备，故外商投资道路运输业许可时，要注意引进技术先进、节能减排的车辆。原则上不批准普通货车进入市场。同时，还要考虑企业的经营规模

要与注册资本相匹配，具体计算中可参照以下车辆价格：

客运车辆以每辆至少100万元人民币计算，罐式、集装箱等专用运输车辆以每辆至少40万元人民币计算，其他货运车辆以每辆至少20万元人民币计算。

举例说明：如1个客运企业注册资本为1000万人民币，许可部门可批准经营规模最好为高级客车10辆。

五、关于设立分公司的说明

设立分公司从事道路运输业或分公司增加道路运输业务是针对外商投资道路运输企业而言的，原则不同意外商投资企业设立分公司从事道路运输业。

(1)外商投资道路运输的总公司如在本省以外地区设立分公司或者分公司增加道路运输业务的，应由总公司向所在地市级道路运输管理机构提出申请，市级道路运输管理机构将审核意见和申请材料报省级道路运输管理机构，由省级道路运输管理机构办理立项批复。

总公司所在地省级道路运输管理机构在批复前要征得分公司所在省级道路运输管理机构同意后方可办理。征求意见函自分公司所在省级道路运输管理机构收到之日起(以当地邮戳为准)30个工作日无复函的,视为同意。同时,总公司所在地省级道路运输管理机构关于分公司设立或增项的批复,要抄送分公司所在地省级道路运输管理机构。

(2)外商投资企业并购国内已有的道路运输企业时,其企业已设立的从事道路运输业的分公司备案即可,不需要分公司所在地道路运输管理机构同意设立的意见函。

(3)道路运输管理机构受理设立分公司从事道路运输业务或分公司增加道路运输业务的申请时,其分公司的经营范围和期限不得超过总公司的经营范围和期限;分公司经营范围、规模(车辆数),应在申请时予以明确。

(4)总公司申请设立分公司从事道路运输业务或所属分公司增加道路运输业务时,可以采取多家分公司一并上报的形式。

(5)分公司要在总公司立项或增加道路运输业后,设立或增加道路运输业。具体讲,总公司和分公司不能同时申请立项或增项。

六、资信证明、验资报告、审计报告

1.资信证明

资信证明,是指由银行或其他金融机构出具的

足以证明他人资产、信用状况的各种文件、凭证等，此类证明文件不论以何种名义、形式出具，核心是证明他人拥有某项资产、债权或具有何种程度经济实力等等。外商投资道路运输业所需资信证明，是由银行出具的描述企业结存（存款）余额和信誉情况的证明。一般情况下，“存款余额”用金额的位数表示，如“存款余额不少于7位数字”；“信誉情况”用“资金结算无不良记录，执行结算情况良好”、“没有不良记录”等表述。

2. 验资报告

验资报告，是指会计师事务所或者审计事务所及其他具有验资资格的机构出具的证明资金真实性的文件。依照《公司法》规定，公司的注册资本必须经法定的验资机构出具验资证明，验资机构出具的验资证明是表明公司注册资本数额的合法证明。

3. 审计报告

审计报告，是指审计机关根据《审计法》，国务院各部门和地方各级人民政府及其各部门的财政收支，国有的金融机构和企业事业组织的财务收支进行审计评价的报告。道路运输企业所涉及的审计报告，是审计机关对企业的资产、负债、损益等情况进行的审计评价。

在申请“设立外商投资道路运输企业”和“外商投资企业扩大经营范围从事道路运输业”时,《外商投资道路运输业规定》要求提供投资者或企业的“资信证明”。综上所述,“资信证明”的概念不能与“验资报告”、“审计报告”的概念等同。

七、并购

并购,是指外资投资者购买境内非外商投资企业股东的股权或认购境内公司增资,使该境内公司变更设立为外商投资企业(股权并购);或者外商投资者设立外商投资企业,并通过该企业协议购买境内企业资产且运营该资产,或者外国投资者协议购买境内企业资产,并以该资产投资设立外商投资企业运营该资产(资产并购)。

八、有关港澳服务提供者

服务提供者是根据世界贸易组织《服务贸易总协定》(GATS)和其他自由贸易协定的规定和惯例而采用的称谓。一项服务的生产、分销、销售的主体,就是服务提供者,即提供这项服务的任何“人”,包括“自然人”或“法人”。香港服务提供者或澳门服务提供者中的“自然人”就是香港、澳门的永久居民,“法人”就是在香港、澳门根据当地法律注册或登记

设立的香港公司、澳门公司。当其为“自然人”的时候，应提供有关材料证明其为香港、澳门的永久性居民或永久性居民中的中国公民。当其为“法人”的时候，应在香港、澳门根据当地法律注册或登记设立，并在香港、澳门已从事一定年限的实质性商业经营。

九、有关“直通车”

（1）“直通车”的叫法出自广东。20 世纪 80 年代初期，为了适应改革开放的需要，方便粤港间的人员交流和物资往来，广东省率先开通了与香港之间的道路旅客和货物运输直通车。而在“补充规定”中的“直通车”是广义的，泛指获批准的运输企业的客、货车从香港、澳门发出，在进入内地的口岸时加挂内地的车辆牌照，旅客不倒乘、货物不倒装到其他车辆的情况下直接驶入内地。值得注意的是，驶入内地的车辆和驾驶员，不仅要持有港（澳）的有关证件，同时车辆还需持有内地道路运输管理机构配发的《道路运输证》，驾驶员还需持有内地公安交通部门发放的《机动车驾驶证》和道路运输管理机构发放的《道路运输从业人员从业资格证》。

（2）香港服务提供者和澳门服务提供者在内地从事货运“直通车”业务必须在内地设立独资、合资或合作企业，并取得《道路运输经营许可证》。

据悉，国务院已将有关办理“直通车”的具体业务，下放给了广东省人民政府。

十、有关许可问题说明

1. 关于外商投资道路运输业批件“经营范围”填写

外商投资道路运输业批件的“经营范围”，是指许可申请企业的具体经营内容。“经营范围”要依据《关于启用新版道路运输证件的通知》（交公路发〔2005〕524 号）的有关要求填写。

2. 关于外商投资道路运输业批件“经营规模”填写

外商投资道路运输业批件的“经营规模”，是指许可申请企业的车辆类型和车辆数。“经营规模”要依据《机动车类型 术语和定义》（GA 802—2008）的有关要求填写。

3. 关于颁布《道路运输经营许可证》和配发《道路运输证》

外商投资道路运输业的审批，是我国政府是否同意外商在我国境内投资道路运输业的前置许可。其前置许可后，有关部门要根据《中华人民共和国道路运输条例》的许可权限和要求，颁发《道路运输经营许可证》和配发《道路运输证》。

4. 关于批件有效期

为了规范管理工作，一般情况下批件的许可分别为：

(1)立项、并购申请，批件有效期为18个月；

(2)增项、变更申请，批件有效期为6个月；

(3)成立分公司申请，批件有效期为6个月。

5. 关于企业更名

根据《外商投资道路运输业管理规定》，企业更名不需上报。但在实际工作中，如企业更名后不上报原许可单位，当该企业如再有其他申请事项(如增项)等工作时，原许可单位把握该企业的原有的许可情况，不能保持工作的联系性。这样，要求企业更名后，到原许可单位备案。

十一、外商投资道路运输业批件样式

1. 外商投资道路运输业项目(立项)审核表样式
2. 外商投资道路运输业项目(增项)审核表样式
3. 外商投资道路运输业立项(并购)批件样式
4. 外商投资道路运输业增项批件样式
5. 外商投资道路运输业变更批件样式
6. 外商投资道路运输业设立分公司批件样式

1. 外商投资道路运输业项目(立项)审核表样式

外商投资道路运输业项目(立项)审核表

企 业 名 称	××××有限公司
投资者	××××有限公司——出资××万美元; 占注册资本的××%(××国)
公司投资情况	投资总额:××万美元 注册资本:××万美元
申请内容	经营范围:×××× 经营规模:×××× 经营期限:12 年
申请材料	1. 申请书内容包括投资总额、注册资本和经营范围、规模、期限 2. 项目建议书 3. 投资者的法律证明文件 4. 投资者资信证明 5. 审批机关要求的其他材料 (企业名称预先核准通知书)
核定内容	经营范围: 经营规模: 经营期限:
申报机构及文号	
经办人审核意见	拟同意立项申请,并建议提交专题会议研究。
处内审核意见	主管处长:
司内审核意见	主管司长:

2. 外商投资道路运输业项目(增项)审核表样式

外商投资道路运输业项目(增项)审核表

企业名称	××××有限公司
投资者	××××有限公司——出资××万美元; 占注册资本的××%(××国)。 ××××有限公司——出资××万美元; 占注册资本的××%(××国)。 ××××有限公司——出资××万美元; 占注册资本的××%(××国)
公司投资情况	投资总额:××万美元 注册资本:××万美元
公司原经营范围	厅公路字〔××××〕××号 普通货运;××辆××车;12 年
申请内容	
申报材料	1. 申请书 2. 企业法人营业执照复印件 3. 外商投资企业批准证书复印件 4. 外商投资企业立项批件复印件 5. 资信证明 6. 注册资本满 1 年证明
核定内容	
申报机构及文号	
经办人审核意见	拟同意增项申请,并建议提交专题会议研究。
处内审核意见	主管处长:
司内审核意见	主管司长:

3. 外商投资道路运输业立项(并购)批件样式

外商投资道路运输业批件

××字〔201×〕××号

关于同意××有限公司立项的批复

(市级道路运输管理机构名称):

你处《关于××有限公司立项的请示》(文号)收悉。经研究,批复如下:

一、同意×××有限公司、××××有限公司(投资主体)在你市独(合)资设立(并购)××有限公司的项目立项。

二、企业规模:投资总额、注册资本(合资的各投资主题数量,占注册资本的比例)。经营规模(如车辆类型、数量)。

三、经营范围:(如道路普通货物运输)。

四、经营期限:12 年,自核发《道路运输经营许可证》之日起计算。

请项目申请人持此批件和相关材料到其他有关部门办理相关手续。全部手续办妥后,请将外商投资企业批准证书、道路运输经营许可证和企业法人营业执照复印件报我厅备案。

此批件有效期 18 个月。

××省交通运输厅

年　月　日

4. 外商投资道路运输业增项批件样式

外商投资道路运输业批件

××字〔201×〕××号

关于同意××有限公司经营道路运输业务的批复

（市级道路运输管理机构名称）：

你处《关于××有限公司经营道路运输业务的请示》（文号）收悉。经研究，批复如下：

一、同意××有限公司扩大经营范围，从事道路货物运输经营活动。核定其经营范围：（如道路普通货物运输）。

二、经营规模：车辆类型及数量。

三、经营期限：12 年，自核发《道路运输经营许可证》之日起计算。

请项目申请人持此批件和相关材料到其他有关部门办理相关手续。全部手续办妥后，请将外商投资企业批准证书、道路运输经营许可证和企业法人营业执照复印件报我厅备案。

此批件有效期 6 个月。

××省交通运输厅

年　月　日

5. 外商投资道路运输业变更批件样式

外商投资道路运输业批件

××字〔201×〕××号

关于同意××有限公司(注册资本或股权等变更)的批复

(市级道路运输管理机构名称):

你处《关于××有限公司(注册资本或股权等变更)的请示》(文号)收悉。经研究,批复如下:

(1)同意××有限公司将投资总额增至××,注册资本增至××。

(2)同意××有限公司股权变更。变更后,对各投资主体出资情况,占注册资本比例情况进行说明。

(3)同意××有限公司扩大经营规模或经营范围、延期、迁移等,并进行相应说明。

根据《外商投资道路运输业管理规定》,请项目申请人持此批件和相关材料到有关部门办理相关变更手续。

此批件有效期6个月。

××省交通运输厅

年　月　日

6. 外商投资道路运输业设立分公司批件样式

外商投资道路运输业批件

××字〔201×〕××号

关于同意××有限公司在××省设立分公司经营道路运输业务的批复

(市级道路运输管理机构名称):

你处《关于××有限公司在××省设立分公司经营道路运输业务的请示》(文号)收悉。经研究,批复如下:

同意××有限公司在××省××市设立分公司从事道路货物运输经营业务。核定其经营范围:(如,道路普通货物运输)。经营规模:车辆类型、数量。

根据《外商投资道路运输业管理规定》,请项目申请人持此批件和相关材料到其他有关部门办理相关手续。全部手续办妥后,请将××分公司道路运输经营许可证和企业法人营业执照复印件报我厅备案。

此批件有效期6个月。

××省交通运输厅

年　月　日

抄送:分公司所在地省级道路运输管理机构

外商投资道路运输业的基本情况

从1988年8月交通部受理并批准第一个中外合资道路运输企业开始，据不完全统计，截至2013年年底，外商投资道路运输业的项目数共计2950项，其中立项581家、增项1950家、分公司419家，投资总额约544亿元，车辆52719辆具体情况分析如下：

一、外商投资道路运输业的发展概况

1988年，交通部受理并批准了第一家外商投资道路运输企业。为了在全国范围内做好此项工作，交通部于1993年颁布了《中华人民共和国外商投资道路运输业立项审批暂行规定》（交运发〔1993〕1178号）。为了适应我国改革开放、招商引资政策的推进，进一步规范外商投资道路运输业管理工作，交通部与对外贸易经济合作部于2001年联合下发了《外商投资道路运输业管理规定》（交通部、对外贸易经济合作部令2001年第9号）。自我国加入世界贸易组织之后，2004年，我国允许外商采取独资形式（包

括并购形式）投资道路货物运输经营、道路货物运输站（场）经营、机动车维修经营。外商投资道路运输业的立项、增项和成立分公司情况，见表1、图1。

外商投资道路运输业的立项、增项和成立分公司情况　表1

（单位：家）

年份	立项	增项	分公司
1995	6	0	0
1996	5	0	0
1997	4	5	0
1998	80	10	0
1999	22	1	0
2000	10	2	10
2001	18	9	4
2002	29	11	2
2003	35	20	6
2004	48	24	20
2005	74	11	0
2006	49	96	30
2007	73	781	43
2008	31	383	27
2009	13	129	111
2010	30	136	48
2011	26	149	51
2012	14	97	40
2013	14	86	27
合计	581	1950	419

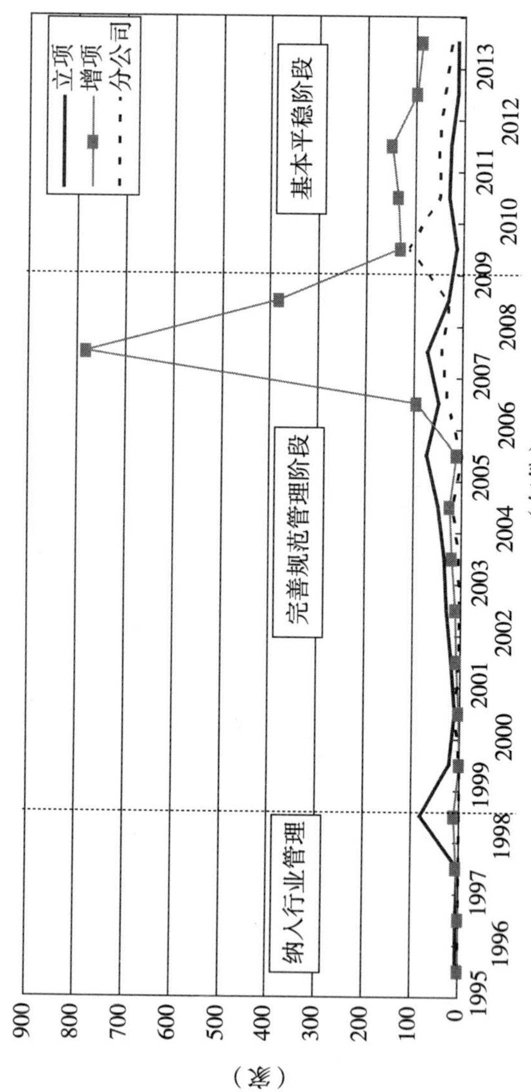

图1 外商投资道路运输业的立项、增项和成立分公司情况

通过对表1、图1的分析，可以看出外商投资道路运输业具有明显的阶段性。可将1995—2013年分成三个阶段：

1.1988—1998年，纳入行业管理阶段。自1978年中共十一届三中全会确立“改革开放、招商引资”的基本国策以来，外商投资道路运输业的企业逐年增加。这些企业主要分布在我国沿海发达地区。为了加强管理，从1988年开始交通部门将外商投资道路运输业的企业纳入了行业管理。尤其是在交通部1993年颁布《中华人民共和国外商投资道路运输业立项审批暂行规定》之后，在此之前已在境内设立的外商投资道路运输业的企业纷纷补办立项、增项手续，所以，这一期间交通部办理的许可事项数量较多，形成了1998年立项的第一个高峰期。

2.1999—2009年，完善规范管理阶段。为进一步加强、规范外商投资道路运输业立项审批工作，在此期间国家颁布了《外商投资道路运输业管理规定》以及该规定的3个补充规定。

在此期间，形成了2007年增项的第一次高峰。其主要原因是，交通部在全国范围进一步宣传国家外商投资道路运输业的有关规定，要求地方有关部门不得越权审批外商投资道路运输业。这样，在此之前已在境内设立的外商投资道路运输业的企业纷纷补办立项、增项手续，所以，这一期间交通部办理的许可事项(主要是增项)数量较多。2007 年，交通部办理补办的许可事项多达 100 多家，其中仅广东省补办的项目就有 61 家。这种情况一直延续到 2008 年。

3. 2009—2013 年，基本平稳阶段。通过交通运输部多年的宣传和规范申报、完善审批程序等一系列管理工作，使引进外资审批工作更加规范化、程序化、制度化。这样，自 2009 年开始，其受理、许可工作趋于平稳。

二、各省外商投资道路运输业的基本情况

在我国，由于地区差别，各省外商投资道路运输业的情况不尽一样，具体情况见表 2、图 2。

各省外商投资道路运输业的情况比较 表 2

(单位:家)

省份	北京	上海	天津	浙江	江苏	广东	山东	河北	广西	辽宁	重庆
立项	47	120	29	29	54	154	24	1	14	32	2
增项	125	234	45	56	89	1156	29	37	9	60	18

注:1. 数据库所有统计数据的统计结果;

2. 外商投资道路运输业较少的省，就不在此列出。

由表 2、图 2 可知，在我国外商投资道路运输业较多的是广东、上海、北京、江苏、辽宁、浙江、天津等，其中广东外商投资道路运输业最多。值得注意的是:

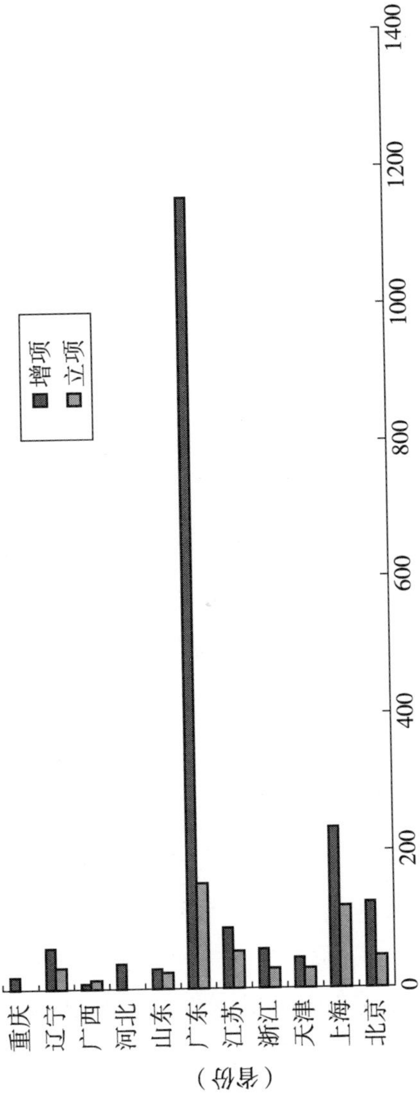

（省份）

重庆
辽宁
广西
河北
山东
广东
江苏
浙江
天津
上海
北京

0
200
400
600
800
1000
1200
1400

（家）

■增项
■立项

图2　各省外商投资道路运输业的情况比较

1. 投资地区差异较大。投资多集中在广东、上海、北京、江苏、山东等沿海和经济发达地区，在我国的中部和西部地区几乎没有外资投入道路运输业。这也从一个侧面说明，我国欠发达地区，在道路运输业方面招商引资的吸引力不大。表2中的11个省份，数量约占全国省份的1/3，也就是说，在我国2/3的省份没有外商投资道路运输业的企业或者外商投资道路运输业的企业很少。

2. 外商投资道路运输业中立项的仅是增项的1/3。这个数字表明，在外商投资道路运输业中从事专业道路运输的是少数，多数是外商投资（生产型）企业增加道路运输业务。这样，在我国外商投资道路运输业中，有相当一部分是为本企业生产的商品提供配送等运输服务（如某中外合资生产酱油的企业，申请增加道路运输业，买1辆货车配送酱油）。这种情况，不是国家鼓励的专业化道路运输的方向。

3. 值得注意的是，设立分公司从事道路货物运输业或分公司增加道路货物运输业的，主要是外商在境内独资的快递企业（如TNT、联邦快递、UPS、嘉里大通等），其分公司数量约占全国分公司总数量的50%。